大事なことは全部サッカーが教えてくれた

みらい PUBLISHING

はじめに

サッカー選手を引退し、指導者やチーム運営などそのままサッカー界で活躍する方もいれば、全く別の世界で活躍している方もたくさんいます。私はそのような情報に触れる機会が圧倒的に少ないと感じ、サッカー選手の引退後の活躍を取り上げたＷｅｂメディア「ワンモアフットボールマガジン」を運営しており、ＳＮＳなどでも多くの反響をいただいています。

https://note.com/onemorefootball/

私自身も幼少の頃からプロサッカー選手を目指しサッカーに多くの時間を費やしてきました。小学2年生からサッカーを始め、高校は地元の強豪校である四日市中央工業高校（四中工）へ、その後、阪南大学へ進みサッカーに没頭してきました。プロ選手になったチームメイトやライバル選手たちと多くの時間を過ごしました。実力及ばずＪリーガーになることはできませんでした。サッカー以外の世界でスタートを切ろうとした際、自分がやってきたことをじっくり振り返ってみました。自分とじっくり向き合うということはサッカー選手としてはありましたが、いち社会人としてはありませんでした。はじめての経験でしたがサッカーを通して多くの経験をしてきたことに気付けたのです。

一つ一つこれまで身に付けてきたことを整理し、言葉にすることで企業での活躍の可能性を感じていただき社会人としてのスタートを切ることができました。その後、企業で働く中でも上手くいかないことや、失敗をたくさん経験しました。そんな日々の業務の中「サッカーと同じ考え方じゃない？」といった場面に出会うことが多くありました。ちょっとした発想の転換でサッカーで身に付けたものを活かせるなって思ったのです。

現在はWebメディア「ワンモアフットボールマガジン」を通して元サッカー選手の方々と接しています。皆さんに共通することは、幼少時代からチームスポーツ「サッカー」を通して身に付けてきたものを現在の仕事でも活かして活躍をしているということです。

多くの元サッカー選手たちへのインタビューを通し、さまざまな考え方や現在の活躍を肌で感じることができました。サッカーで培った力を活かしサッカーの指導者、営業マン、銀行員、お笑い芸人など多種多様な世界で元サッカー選手たちが活躍しています。

皆さん口を揃えて言うのが、「目の前にサッカーがやれる環境があるなら、仲間がいるのなら、最後の最後まで全力を尽くして欲しい」でした。サッカーだけに熱中する時間はそう長くはありません。そんな短期間の間にサッカースキルだけではなく、人間力からのアプローチを加えることで、サッカー選手としてレベルアップを図りませんか？　また、引退後のサッカー以外の世界での活躍は、「あのサッカーの時間があったから」だとも言います。なぜなら社会もサッカーも構造は同じだからです。

この書籍を通して、そんな小さな気付きがあなたの人生を2歩も3歩も押し上げてくれると信じています。Webメディアを通して元サッカー選手たちの活躍を発信していますが、書籍でも発信することで、より多くのサッカー選手たちへ届けたいという気持ちから出版に至りました。

まずはこの書籍との出会いからサッカー選手としてレベルアップするために必要なサッカースキル以外の人間力とはどういったものかを感じてください。

そして、その人間力は一生あなたのものです。どんな世界でも活かせることを心に留めておいてもらえたら幸いです。

キックオフ！

⚽サッカーとの出会い、そして未来への第一歩を踏み出す瞬間

サッカーって最高のスポーツですよね。この本を手に取った皆さんは、これまでの人生において少なからずサッカーとの関わりがあったと思います。日々のサッカーのトレーニングや観戦の中でサッカーのスキル・知識だけを身に付けていると思っていませんか？　それは違います。皆さんは知らず知らずのうちに多くのことを身に付けているのです。サッカーは私たちにとって単なるスポーツ以上のものであり、サッカーとの出会いは多くの方の人間力を育む大きな機会となります。サッカーとの運命的な出会いは、日々を充実させる原動力となります。情熱を持って取り組むことで、サッカー選手としてのレベルアップはもちろん、人生全体がより充実したものになります！　これから未来へ向かって進むための重要なスキルについ

て探っていきましょう。いざ、キックオフ！

サッカーとの人生初の接点・出会う瞬間はさまざまだと思います。子どもの頃の近所の公園や学校の校庭で友達とボールを蹴る、友達や兄弟の影響、スクールで少しずつ、本格的なクラブや学校のチームに所属するようになるまでの過程がありま す。子どもの頃の夢は日の丸を背負って日本代表でプレーすることかもしれません し、地元のクラブチームで仲間たちと試合に臨むことかもしれません。しかし、どの瞬間であっても、サッカーとの出会いは希望と情熱を湧き上がらせ、未来の可能性を広げていくものです。

中学生までサッカーを続ける中で、多くの選手は将来への夢を抱き始めると共に、プレッシャーや選択肢の多さに直面することになります。高校・ユース年代のステージでは、仲間と共にチームの一員として戦う経験を通して、より高度なリーダーシップや協力、忍耐力を養っていきます。そして、卒業後に進学するか、プロ選手を目指すか、さまざまな選択肢が立ちはだかります。この時点で大切なのは、サッカーが教えてくれる価値観や人間力を磨きながら、自分自身の将来にやりたいことをしっかりと描いていくことです。

高校卒業後は親元を離れる方も増え、自主性が大きく問われます。サッカーはより高度なレベルでプレーする必要がありますし、大学進学を選択した場合、学業との両立も求められます。大学サッカーの舞台では、試合や練習の厳しさから学べることは多く、時間管理や責任感、チームワークが磨かれます。また、大学での経験は、将来のキャリアにも影響を与えることがあります。プロサッカー選手を目指すなら、試合でのパフォーマンスはスカウトやクラブの注目を浴びる機会となり、大きなステップを踏み出すための大切な機会となります。

プロサッカー選手としてのデビューの座を掴み取った後は、人それぞれですが3年程度を一つの目安に、夢を追い求めて努力を重ねてきた成果を収める時期に差し掛かります。プロのステージでは、競争が激しく、フィジカル、技術、精神面での向上も求められます。かなり難しいことではありますが、これまでの経験と努力があれば、自信を持って挑戦し、成長し続けることができると思います。

プロ選手としての成功は、サッカーファンや若いサッカー選手たちにとっても夢や希望となり、子どもたちの大きな目標となることを覚えておいてください。

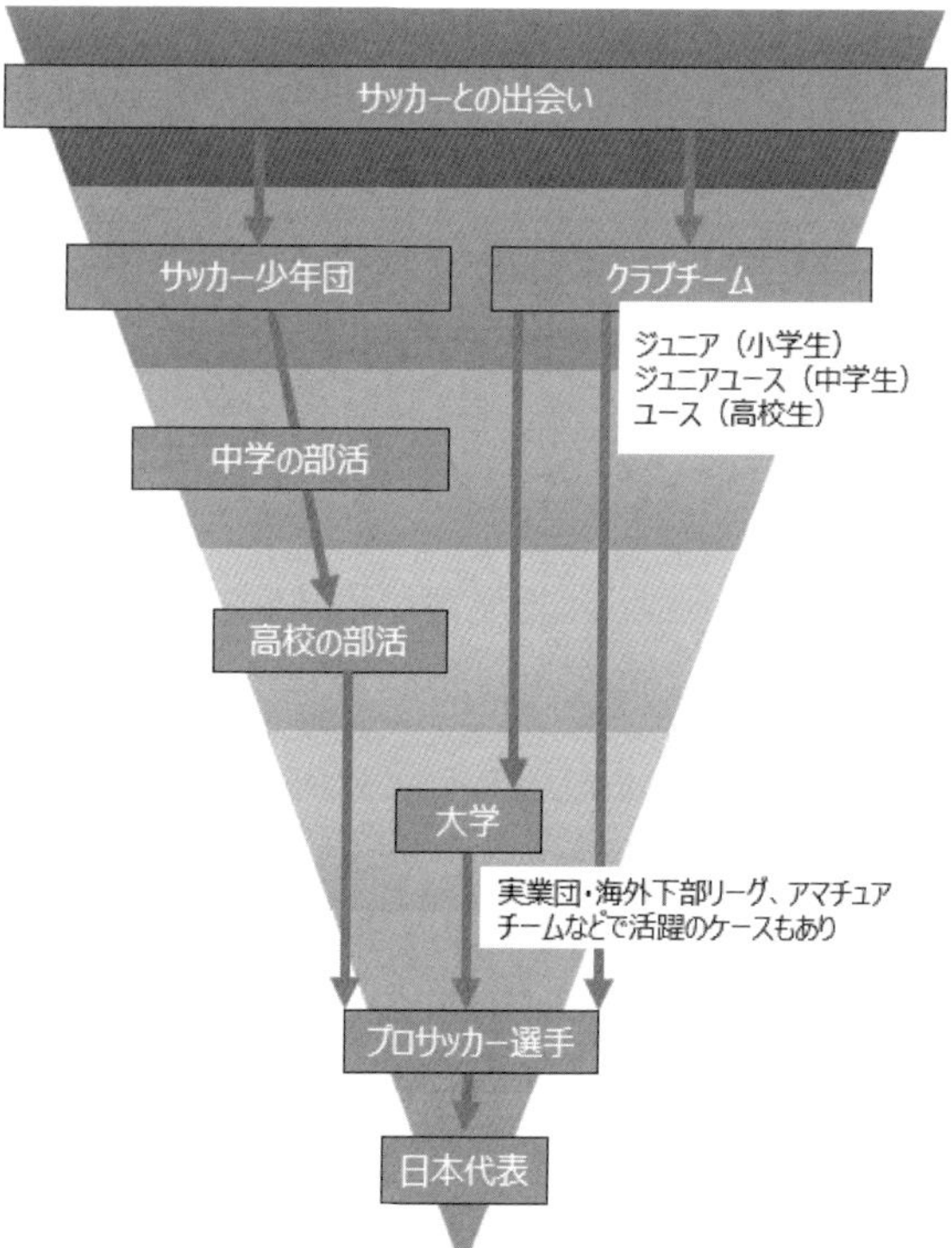

サッカーとの出会いから未来への第一歩を踏み出す瞬間は、選手たちにとって人生を豊かにし、多くの価値観や人間力を育む重要な過程です。夢に向かって進む道は決して平坦ではありませんが、サッカーは選手たちに困難を乗り越える力を与え、仲間と共に進む旅を支えてくれます。サッカーがもたらすさまざまな人間力によって、私たちの人生は豊かになるものだと信じています。

⚽サッカーが私たちにもたらす魔法のような魅力と影響力

サッカーにはプレーすること自体に魅力がたくさん詰まっています。ゴール、パス、戦術、チームとしての駆け引き、個人（1対1）での駆け引き、フィジカルコンタクト、その見どころをあげればきりがありません。それぞれ個性を持った選手が11人集まりチームとしての力を発揮します。

そして気付いてもらいたいのは週末の試合や大きな大会へ向けた日々のサッカー

の練習で身に付けているものはサッカースキルやチーム力向上だけではないことです。

サッカーをプレーすることで、多くの価値観やスキルを身に付け、人間力を高めることができます。フィールドでの経験は、生活や仕事においても役立つ要素をたくさん備えているんです。

サッカーに情熱を捧げることは、選手たちの人生において多くの役立つスキルや価値観を提供しています。特に、学生サッカー選手やプロサッカー選手になったばかりの頃はサッカーが与える人生への影響と魅力を最も感じる時期かもしれません。単なる競技や娯楽にとどまらず、文化や共感を生む大きな存在となっています。世界での競技人口は2億人以上、参加国数はオリンピックよりも多いと言われています。世界中で愛され、数多くの人々を魅了し続けている理由は多岐にわたります。

1　チームワークと協力

サッカーにおいては、個々のスキルやテクニックはもちろん大切ですが、それだけでは勝利には繋がりません。試合中、選手たちはチームメイトとの連携を図りながらプレーする必要があります。例えば、パスを出すタイミングや位置、味方の動きに合わせたプレーなど、チームメイトとのコミュニケーションが不可欠です。このような連携プレーを繰り返すことで、チームはより効果的な攻撃や守備を展開することができます。更に、練習の中でも相手チームの動きを予測し、チーム全体での連携を強化するための練習も行われます。例えば、3対3や4対4でのボールを奪い合う練習やロンド（パス回しの練習）など、チームメイトとの連携を高めるためのトレーニングを日々行っていますよね。これによって、試合中においても選手たちはスムーズに連携を取ることができるようになります。

2 コミュニケーション力

サッカーでは、試合中や練習中にチームメイトとコミュニケーションを取ることが欠かせません。選手たちは、自分の考えや意図を効果的に伝え、仲間の意見や指示を理解する能力を磨きます。これは、人間関係やビジネス、生きていく上で非常に重要なスキルです。

3 リーダーシップ

所属チームでリーダーシップを発揮することはとても良い機会です。これはキャプテンになる、ならない関係なくリーダー的な場面はみんな経験しています。シチュエーションによりリーダーシップを発揮することは、サッカーをプレーするうえで必ずあります。他の選手に声をかけたり、励まし合い、統率する能力を養っています。これは将来のリーダーとしての役割を備えることに役立ちます。

4 失敗からの学び

サッカーは成功と失敗が織り交ざるスポーツです。失敗や負けた場面のほうが印象に残ることが多いかもしれません。それらを経験することで選手たちは成長し、改善する機会を得ています。この姿勢は、人生の挑戦に対しても大いに役立つものです。失敗した際にくよくよするのではなく、新たな学びのチャンスであると捉えることが大切です。ピッチでの失敗は、技術的な面や戦術的な側面だけでなく、精神的な成長にも繋げられるチャンスです。皆さんは普段から勝敗だけではなく、場面ごとの振り返りをして、どのようにそれを乗り越え、改善できるかを繰り返しやっていますよね？

また、毎日プレーしていると怪我やチーム内競争、チーム内の問題など、さまざまな困難が立ちはだかります。しかし、これらの困難を克服することが、真の強さを発揮するチャンスでもあります。

5 責任感と自己管理

サッカーをプレーするうえで責任が発生します。自身のポジションの役割、守備時のマーク、みんなが繋いでくれたゴール前までのパスを大切にしゴールを決める。チームが勝利するためにどうしたら貢献できるか日々考えています。

また試合に勝つために毎日のトレーニングも目的を持って取り組んでいますよね。厳しいスケジュールと継続的なトレーニングが必要です。試合や練習を欠かさず行うためには、責任感と自己管理が不可欠です。時間の使い方や目標の設定、計画の立て方を学んでいます。これらのスキルは、学業や社会生活においても重要な要素です。

6 ストレス耐性

サッカーは勝敗が明確に分かれるスポーツです。勝ったときの喜びも負けたときの悔しさも経験します。試合中のプレッシャーに打ち勝つことが必要ですし、チーム内でのレギュラー争いもずっと続きます。選手たちは嫌でもプレッシャーやストレスにどのように対処すべきかを学んでいきます。このストレス耐性、精神的な強さを身に付けることは、人生においてとても重要で、さまざまな場面で役立ちます。

7 戦略的思考と問題解決能力

サッカーは戦略的なスポーツでもあります。選手たちは相手の守備を崩すためにさまざまな戦術を練り、状況に応じて計画を変更する必要があります。攻撃のタイミングやポジショニングの微妙な変化が勝敗を左右することも多いのです。サッカー選手たちは日々のトレーニングを通して、戦略的思考力と問題解決能力を養っています。明確な答えがないフィールド上で、少しでも勝利の確率を高めるために常に考え続けているのです。相手チームの弱点を見つけ出し、それに対する対策を練ることが求められますし、試合中に起こる予期せぬ状況にも柔軟に対応しなければなりません。

これらの戦略的思考力と問題解決能力は、サッカーのフィールドだけでなく、私生活やビジネスにおいても活用できるものです。日常生活でも、私たちはさまざまな課題や問題に直面します。そのときに、サッカー選手のような戦略的思考力を持っていれば、複雑な問題に対処し、計画を立てる能力を持つことができます。

例えば、仕事でのプロジェクトの進行管理やチームの組織の最適化など、サッカーの戦術や戦略を参考にすることができるのです。サッカーはチームスポーツであり、選手たちはお互いの動きを理解し合い、連携を図ることが求められます。これは、仕事でも同じです。チーム全体が一丸となって目標に向かって進むためには、相互理解や効果的なコミュニケーションが欠かせません。

また、サッカーの試合中には相手チームが戦術を変更することもあります。このように、状況に応じて柔軟に対応する能力もサッカー選手たちが持っているものです。同様に、仕事や生活でも予期せぬ変化が起こることがあります。そのときに、柔軟な思考や即断力を持っていれば、スムーズに対応することができます。要するに、サッカーは単なるスポーツではなく、戦略的なゲームであり、選手たちは戦術的思考力と問題解決能力を鍛えながらプレーしているのです。このようなスキルは、仕事や生活においても役立つものであり、複雑な課題に対処し、計画を立てる能力を高めることに繋がります。だからこそ、サッカーは多くの人々に愛され、共感を得ているのです。

8 多様性と他者への理解

サッカーは多くの方から愛されるスポーツであり、さまざまな個性を持った選手が集まります。異なる考え方やバックグラウンドを持つメンバーと共にプレーする経験は、多様性を受け入れ、他者の理解を深める手助けとなります。最近は海外のトップリーグで活躍する日本人選手や、高校、大学時代から海外へ渡るケースも増えてきています。また、Ｊリーグに所属する外国籍選手も１００名程度は在籍しています。これらの経験は国際的な交流においても非常に活用できる経験になります。

サッカーは単なる競技ではなく、人間力を高め、多くの価値観を提供するスポーツです。サッカーを始めたばかりの選手、部活やクラブチームで頑張っている選手、プロサッカー選手、すべてのサッカーマンへもたらす人間的な成長と価値を大切にし、その経験を活かして未来に進んでいくことがとても重要です。これらがサッカーが世界中で愛されるスポーツである理由であり、その魅力は選手たちにとっても大きな一生の宝モノとなるでしょう。では、ここからどういったスキルを具体的に身に付けているか、一つ一つ見ていきましょう。

第2章　コミュニケーションというアシスト王

第3章　みんな自然と身に付けている「リーダーシップ」

ハーフタイム

後半　サッカーで得た人間力は一生の宝モノ

第9章　サッカー界は人材の宝庫

第10章　元サッカー選手たちは色んな世界で活躍中！

事例紹介

アディショナルタイム

前半

first half

サッカー選手に
必要な
サッカースキル
以外のこと

第1章

チームプレイの秘密にせまる

あの最高のパスワーク。なぜできたんだろう？

サッカーの試合で、これまで練習でもできなかったような奇跡的なパスワークを見せる場面に出くわしたことはありませんか？　例えば２０１８年７月２日ロシア・ワールドカップ（W杯）決勝トーナメント一回戦の日本対ベルギーの３点目のカウンターの場面です。（日本は得点を入れられた側ですが）後半のアディショナルタイム、真剣勝負を90分繰り広げ、全選手が疲労困憊の中、なぜあのようなパス精度、チーム全体で次の展開の予測や集中力が出せたのか。奇跡としか言いようがありません。ですが、自身のこれまでの経験を思い出してみてください。そういった経験は少なからず皆さんもあると思います。あのとき、不思議に思ったかもしれません。「練習でもできなかったのに、どうしてあんなパスワークができたのだろう？」と。チーム全体がある種のゾーン状態に入っていたからかもしれません。

毎日毎日一緒に練習を行い、イメージを共有しているチームメイトという仲間たちとの結束力。それらがゾーン状態を作り上げたのです。共に長い練習期間を通じて、ボールの動きを予測し、味方と相手の選手の流れを想像する能力が養われていたのです。これにより、試合中でも、2、3手先のプレーを先読みすることが可能になっているのです。これらは偶然でもなんでもなく、各ポジション（チームメイト）の特徴を十分に理解しているからこそ実現できたものです。ご自身のチームメイトを思い浮かべて想像してみてください。

〜〜〜〜〜〜〜〜〜〜〜〜〜

右サイドの俊足カオルは裏を取ることが得意。そのため、相手選手は積極的にボールを奪いに来ず、スムーズなパスワークができる。トップ下のアオはキープ力があり、タメを作ることができる。これにより、相手選手が寄せてきた隙に、裏を取りパスを優位な位置で受けることができる。

〜〜〜〜〜〜〜〜〜〜〜〜〜

このような、スムーズなパスワークが可能になるのは、走力やフィジカル、技術だけではありません。チームメイトの特徴を把握する力や、それを活かすアイデア、そしておもてなし力（パスの受け手が扱いやすいパスを出す能力）など、さまざまな能力が重要な役割を果たしています。これらは日々の練習によって培われたものであり、単にサッカーの技術だけではなく、さまざまな能力が結集されて生まれたゴールなのです。

このような奇跡的なパスワークからのゴールは、特別な瞬間として自身やチームメイトの心に刻まれます。そして、それは単なる個々の技術やスキルの結果ではなく、チーム全体の連携と結束力が生み出したものなのです。試合が終了間際に迫る中、チームメイトたちが一体となり、連動したプレーを見せることで、勝利を手にすることもあるのです。このような瞬間こそが、サッカーの醍醐味であり、魅力の一つです。

あなたも、このような経験をしたことがあるでしょうか？　もしまだないのであれば、これからの練習や試合で、チーム全体の結束力を高めることに注力してみてください。チームメイトとのコミュニケーションを密にし、彼らの特徴や能力を理解することで、よりスムーズなパスワークや連動プレーを実現することができるでしょう。そして、ゴールを生み出す喜びを味わうことができると思います。

＜チームに一体感を与える〝おもてなしパス〟＞

サッカーは一人だけでプレーするスポーツではありません。仲間との協力と共感が根底にあるチームスポーツです。チームメイト、チームスタッフとの共感を築き上げ、協力の意識を高めることが、チームの成功と喜びの源であり、人生のさまざまな場面で役立つ力を育むことに繋がります。気持ちのこもったパスなどから、サッカーの魅力を存分に味わい、それらを通じて人間力を高める旅が、皆さんを待っています。

＜チームメイトとの共感＞

サッカーにおいて、勝利を得るためにはチームメイトとの共感を築き上げることが不可欠です。パスを出す側と受ける側、そしてそれをサポートする仲間たちとの信頼関係が、チームの勝利に直結するのです。チームメイトとの共感は、コミュニケーションと協力の中で育まれます。一人のプレーヤーが自分のことだけを考えてプレーすることは、チームの一体感を壊しかねません。だからこそ、気持ちのこもったパスを出し、仲間をサポートすることは、チーム全体の成功に繋がるのです。

＜協力の大切さ＞

サッカーは、個人の輝きよりもチームの協力が勝利に繋がる確率が高いスポーツです。気持ちのこもったパスを出すことは、単なる技術だけでなく、協力意識を高める大切な手段でもあります。近頃では個の力もチームが勝利するために重要な要素の一つとなっていますが、一人のプレーヤーが自分だけでボールを支配しようとすると、チームの連携が乱れ、戦術が崩れることもあります。しかし、仲間と連携し、パスを通じてボールを動かすことで、相手チームを打破しやすくなります。協力がもたらす効果は、サッカーのフィールドだけでなく、日常生活においても大いに役立ちます。チームでの協力が個人の成長に繋がり、学業や仕事、対人関係においても活用できるスキルとなります。

＜喜びをもたらす協力＞

チームメイトと連携し、相手チームを圧倒的なパスワークをもって勝利したときは、通常の勝利以上の達成感と喜びがありますよね。これは、個人の力だけでは得られない特別な出来事です。この喜びがチームスポーツの魅力の一部であると同時に、人生そのものにおいても重要な要素となります。協力と共感を通じて仲間と共に成功を分かち合うことは、深い満足感と幸せを感じられる最高の瞬間だと言えます。

work《ワーク》

自由に記載してみよう！

このworkには以下のような活用方法があります

●自分の考えが整理できる

●自分の現時点での思考がわかる

活用方法

●内容を定期的に見返すことで進歩を実感できたり、初心に帰ることができる！

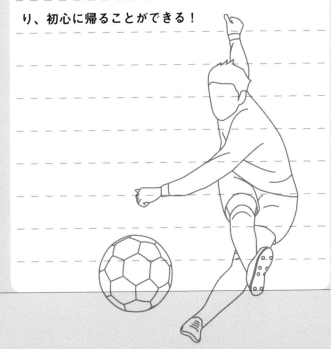

これまでのトレーニングや試合の中で今思うとよくできたな〜という場面（パスワークなど）を思い出して書き出してみよう！

その時のポイントとなるプレーはどこだった？（複数あれば全部書き出してみよう）

work《ワーク》

それらは日頃のどういった練習やコミュニケーションがあったから実現したのでしょうか？

第2章

コミュニケーションという
アシスト王

仲間とのグッドコミュニケーションって？

コミュニケーションの質が高いチームは、より効果的な戦術を展開することができます。選手同士やスタッフ含め、毎日の練習やゲームを通して積極的にコミュニケーションを取りましょう。

①明確なコミュニケーション

サッカーにおいてチーム内でのコミュニケーションは、勝利に向かうためには欠かせません。選手たちは単独で行動するのではなく、チーム全体での連携を図ることが必要になってきます。そして、その連携を可能にするためには、明確なコミュニケーションが必要となります。

個々の選手が優れたテクニックやフィジカルコンディションを持っていても、それだけでは勝てません。ゲームを優位に進めるためには、選手たちが統一されたチームとして行動し、プレーする必要があります。

例えば、攻撃時には、やみくもにボールをゴール前に運ぶのではなく、パスや動きの意図をチームメイトに伝え、相手チームの裏をかくことも必要になってきます。パスを出す選手が、どの方向にボールを出すべきかを考え、同時にパスの受け手がどの位置に走るのか理解することが大切です。明確なコミュニケーションがあれば、連携の精度が高まり、相手よりも先に動くことができるので、より効果的な攻撃ができます。

②情報共有

守備面でいうと、例えば、相手がスルーパスを狙っている場合、選手たちはその情報を共有し、ポジショニングを微調整しながらボールを奪っていきます。連携が効果的であれば、相手の攻撃を封じこむことができ、試合の流れを自分たちのペースでコントロールできます。また、ボールを奪ったのち攻撃にスムーズに切り替えることができ、ボールを支配し続けることができます。

チーム内のコミュニケーションを促進するためには、日ごろからの練習やミーティングなどで自分の考えを言葉にし、相手の気持ちを分かろうとする姿勢も大切です。言語化力、理解力とも言われますが、皆さんは、そんな効果的・効率的なコミュニケーションスキルを日々鍛錬しているのです。

監督・コーチ・先生とのコミュニケーション

コーチとの連携は、チームが強くなるためと個人の成長にとても大切になってきます。選手とコーチが協力し、密なコミュニケーションを取ることで、チームの力や個人の能力を最大限に引き出すことができます。

コーチは戦術の落としこみ、選手のパフォーマンスへのフィードバック、ピッチ内外での会話などを通して選手たちの成長をサポートする役割を担っています。しかし、これらの役割を果たすためには、選手との良好な関係が不可欠です。選手たちは、コーチとの対話を通じて自身の能力向上やチームの目標達成に向けたアドバイスを得ることができます。コーチは、選手を深く理解し、個々のニーズに対応することで、選手たちをより良いパフォーマンスへと導くことができます。

更に、コーチとの信頼関係が築かれていれば、自分自身の弱点や課題を素直に受け入れ、改善する努力をすることができます。選手に対して批判的なフィードバックを与える場合でも、信頼関係があれば、選手たちは建設的な意見として受け止めることができるはずです。このような信頼関係があると、選手たちは自己成長に向けた意欲を高め、より良いパフォーマンスを発揮することができます。

定期的なミーティングや個別の面談を通じて、選手たちは自分の状況や課題をコーチに伝えることができます。また、コーチへの質問や意見を積極的に発信することも大切です。選手たちは、自分の考えやアイデアをコーチと共有することで、より意味のあるトレーニングや戦術を展開することができます。学校生活では先生、会社では上司と、どんな世界でも同じです。身近なコーチと共に自分を高めたり、同じ目標へ向かうことができるのです。

試合を大きく左右する仲間とのコミュニケーションスキル

チーム内でのコミュニケーションは、選手間のコミュニケーションスキルの向上によって大きく変わってきます。特に試合中には、瞬時の判断や共有の必要性がありますので、選手同士が意思疎通を円滑に行えることが勝敗を左右することもあります。例えば、選手たちはパスを要求するジェスチャーやアイコンタクトでも相手に自分の意思を伝えることができます。また、声を出してポジショニングを共有することも効果的なコミュニケーション手段です。試合中には、瞬時に正確な情報を伝えることが求められますので、選手たちは声を出す習慣を普段から意識して身に付けることが重要です。

更に、チームメイト同士が互いの個性や役割を把握し、適切な情報を共有することがプレーの質を向上させます。例えば、攻撃の際には、パスをする選手が受け手の相手ディフェンダーより遠いほうの足へパスを出す、また相手が迫っていることも伝えます。ボールを奪われるリスクを下げ、相手にとって守りにくい状況を作り出すことができます。このように、選手たちはコミュニケーションを通じて、相手の特徴や戦術を把握し、それに適したプレーを展開することができるのです。

チーム内でのコミュニケーションをスムーズに取れることで、ゲーム展開や戦略の変更を円滑に行うことができ、選手たちは、お互いが一体となってプレーすることで、より強力なチームとしての力を発揮することができます。

コミュ力三点セット

コミュニケーションの鍵となる要素は、さまざまな側面から捉えることができます。特にこの3つはおさえておきたいところです。

① 尊重と信頼

相手に対する尊重と信頼は、コミュニケーションの基礎となります。例えば、チーム内の選手同士やコーチとの関係で言えば、お互いを尊重し、信頼関係を築くことが大切です。これによって、選手たちは自由に意見を出し合い、効果的なコミュニケーションが可能となります。

② 言葉選び

明確な表現や適切な言葉選びも、効果的なコミュニケーションの要素です。選手たちは、自分の意図や要望を明確に伝えることで、相手が理解しやすくします。また短い時間での判断が求められるため、チームメイトだけ理解できる言葉でもいいでしょう。効果的な言葉を使い、分かりやすく伝えることが大切です。

③ タイミング

効果的なコミュニケーションを行うためには、適切なタイミングで行うことも重要です。例えば、試合中や試合前後など、選手たちが集中している状況や疲労がたまっている状況では、コミュニケーションが円滑に行われないことがあります。そのため、適切なタイミングでコミュニケーションが行われるように配慮する必要があります。例えば、試合前のウォーミングアップの最中や、試合後のクールダウンの時間を活用してコミュニケーションを行うことが効果的ですね。

効果的なコミュニケーションのためには、相手への尊重と信頼、明確な表現や適切な言葉遣い、適切なタイミングでのコミュニケーションが重要であると言えます。これらの要素を意識しながら、選手同士やコーチとのコミュニケーションを進めることで、チームの結束力を高め、成功に繋げることができます。

コーチとの効果的な対話

コーチとの対話は、選手の成長において欠かせない要素です。選手たちは、コーチからのフィードバックを通じて、自身のプレーを改善し、更なる進化を遂げることができます。

コーチとの対話では、選手たちは自身の課題や目標を具体的に共有することが大切になってきます。これにより、コーチは選手たちに対して適切なアドバイスや指導を行うことができます。コーチは、選手たちの強みや弱点を把握し、個別のプレースタイルに合わせたトレーニングを提案することもできます。

フィードバックを受ける際には、選手たちは素直に受け入れる姿勢が必要になってきます。自分の弱点や改善点を受け入れることは、自身の成長のために不可欠な要素です。選手たちは、自らの限界に向き合い、それを克服するための努力を積極的に行うことが重要です。

例えば、A選手はコーチとの対話を通じて、自身の課題と向き合い、技術の向上に取り組むことができました。一方、B選手はフィードバックを受ける際に素直に受け入れられず、改善が遅れる結果となりました。どちらがこの先、いい選手になれるでしょうか？

選手たちは、自身の課題や目標をコーチと共有し、具体的なアドバイスを受け取ることで、プレーの幅を広げたり、改善に取り組むことができます。また、フィードバックを受ける際には自身の考え・意見をしっかり伝えながら、素直な姿勢を持ち、自身の弱点や改善点を受け入れることが重要です。コーチとの対話やフィードバックの受け方は、選手個々の成長に大きな影響を与えるため、選手たちは積極的に関わるといいでしょう。

ボールを扱う技術より大切な「コミュニケーションスキル」

コミュニケーションスキルの必要性は、選手たちとチーム全体の連携や戦術の実現度に大きな影響を与えます。スムーズなコミュニケーションが行えれば、チームメイトとの信頼関係が築かれ、プレーの効率も高まるでしょう。実際、試合中においても、選手たちは声やジェスチャーを使ってお互いに連携を取ることがあります。これにより、ボールを素早く受け渡すことができたり、相手チームの動きを予測することができます。一方で、コミュニケーションが不十分な場合、選手たちは意思疎通に難しさを感じるかもしれません。例えば、パスのタイミングや方向性が合わず、ボールロストに繋がってしまうこともあります。また、ディフェンスの連携が取れない場合、相手チームに得点を許してしまう可能性もあります。このように、コミュニケーションスキルの発展は、選手たちがより効果的なプレーを展開するために欠かせない要素と言えます。

また、コミュニケーションスキルは試合以外の状況でも重要です。チームの練習や戦術ミーティング、試合前の準備など、さまざまな場面で選手たちは意見や情報を交換する必要があります。こうした場面では、選手たちがお互いに円滑にコミュニケーションを取ることで、より効率的な準備や戦術の組み立てが可能となります。例えば、監督やコーチからの指示やフィードバックを選手たちがしっかりと理解し、それをチーム全体で共有することで、より効果的な戦術を実行することができます。

選手たちは相手とのコミュニケーションが上手く行えるかどうかで、チームの連携や戦術の実現度が変わってきます。スムーズなコミュニケーションが行えれば、素早く正確な判断ができ、的確なプレーが展開できるでしょう。逆に、コミュニケーションが不十分だと、ミスや不必要なトラブルが生じる可能性があります。

コミュニケーションスキルは個々の選手の能力だけでなく、チーム全体の連携を左右します。また、試合以外の状況でも選手たちはコミュニケーションを取る必要があります。チームの練習や戦術ミーティング、試合前の準備など、さまざまな場面で選手たちは意見や情報を交換することが求められます。

work《ワーク》

自由に記載してみよう！

このworkには以下のような活用方法があります

●自分の考えが整理できる

●自分の現時点での思考がわかる

活用方法

●内容を定期的に見返すことで進歩を実感できたり、初心に帰ることができる！

印象に残っている負けた試合、チームとして上手くいかなかった場面を思い出してみてください。その時の課題は何でしたか？

その課題に対し、チームメイトやコーチとどういったコミュニケーションを取ることで改善できたでしょうか？

work《ワーク》

＜シミュレーション＞

あなたはサッカー部のキャプテンです。１週間後の格上チームとの重要な試合が迫っています。

チームのやる気を高め、勝利に近づくためにどういったコミュニケーションを取りますか？

第３章

みんな自然と身に付けている「リーダーシップ」

そもそもリーダーシップって どうやって発揮するの?

リーダーシップを発揮するためには、いくつかの基本原則を理解し、リーダーとしての成長を目指す必要があります。

まず、リーダーシップの基本原則として、他者を尊重し信頼関係を築くことが重要です。リーダーは、チームメンバーの意見やアイデアを尊重し、チームメイトが意見を言いやすい雰囲気を作ることも求められます。他者を尊重することで、各メンバーは自分の存在を認められ、やる気やパフォーマンスの向上が期待できます。

また、信頼関係を築くためには、意見を持ったうえでリーダー自身が自分の言動に一貫性を持ち、約束を守ることも大切です。そうすることでメンバーは、リーダーが自分たちを信頼し、チームのために最善を尽くすことを信じることができます。

更に、明確なビジョンを持ち、それをチームに伝えることも重要です。リーダーは、チームに方向性を示し、共通の目標に向かって進むための道筋を示す役割を果たします。明確なビジョンを持つことで、メンバーは目的意識を持ち、協力して仕事に取り組むことができます。また、リーダーは、チームメンバーがビジョンに共感し、自分の役割や責任を理解することを促す必要があります。

そして、チームメンバーの発展を支援することも重要です。リーダーは、メンバーの強みや能力を理解し、それを最大限に活かすためのサポートを行う役割を果たします。メンバーが自分自身を成長させ、スキルを磨くことができるようにすることで、チーム全体のパフォーマンスを向上させることができます。リーダーは、メンバーの成長に対し継続的なフィードバックや学習機会を提供し、彼らが自己成長を実現できるように支援することが求められます。

チームには11人のリーダーがいる

リーダーは、チームの中核として、全体の成功に向けた責任を負っています。ゴールを明確にし、メンバーがそれに向かって協力し合えるような環境を作り出す役割を担います。キャプテンになるということではなく、プレーのシチュエーションによりディフェンスリーダーになったり、ボールを保持した際はゲームメイカーとしてリーダーになると言えます。みんな知らず知らずのうちにリーダーっぽいことを行っているんです。

リーダーは、チーム内でのコミュニケーションを円滑にする役割も担っています。適切なコミュニケーションがなければ、メンバー間の意思疎通が困難になり、仕事の進行や意見の共有がスムーズに行えなくなる可能性が高まります。そのため、リーダーは定期的なミーティングや報告し合う仕組みを作ることで、メンバー同士のコミュニケーションを促進し、効率的な作業を実現する必要があります。

メンバー間のコミュニケーションを円滑にするためには、意見の違いや衝突を受け入れる姿勢も重要です。リーダーは、メンバー同士の意見の食い違いを解決するための対話の場を提供し、建設的なディスカッションを促進することで、チームワークの改善を図ることができます。

リーダーはチームの成功に向けた責任を負っており、ゴールの明確化やメンバー間のコミュニケーションの円滑化、関係性の構築など、さまざまな役割を果たす必要があります。これらの要素がバランス良く備わっていることで、チーム全体がより良い成果を上げることができるでしょう。リーダーの役割は重要であり、チームの成功に不可欠な存在と言えるでしょう。

機会があるならやってみよう！「キャプテン」の役割って？

キャプテンとしての役割は、通常のリーダーシップ以上のものです。チームの中心となり、メンバーの指導やモチベーションの向上に努めることはもちろん、さまざまな困難や試練にも立ち向かわなければなりません。日々チームの活動を進める中でどういったことが想定されるでしょうか？

チーム内の問題解決：
例えば、メンバー間の衝突や意見の相違が起きた場合、キャプテンは冷静な判断とコミュニケーションを駆使して、解決策を見いださなければなりません。それには、メンバー間のコミュニケーションを円滑にするための※ファシリテーション力も必要になってきます。　※ファシリテーション力：グループ活動をスムーズに進める能力

チームメイト同士の意見の調整：
チームは個々のメンバーの意見やアイデアを集約する集団ですが、それぞれの意見が一致しないこともあります。その際には、キャプテンは全体の目標を達成するために、メンバーの意見をバランス良く取り入れながら、最善の判断を下さなければ

ばなりません。

自らの言動：

危機的な状況に直面したときには、最後まであきらめない気持ちなどプレー面はもちろんですが、冷静さと決断力を示すことで、メンバーに安心感を与えることが必要になってきます。また、成功や失敗に関わらず、メンバーを励まし続けることもキャプテンの役割です。

他のリーダーシップの形態とも異なります。例えば、監督のように指示を出したり、コーチのように技術面での指導をするだけでなく、メンバーの個々のニーズや特性にも配慮しなければなりません。そのため、キャプテンは柔軟性や対応力が求められるポジションと言えます。キャプテンとしての役割はリーダーシップの中でも難しいものです。チームメイトへのアドバイスやモチベーションの向上だけでなく、問題解決や意見の調整など、さまざまなシチュエーションを乗り越えなければなりません。またときには、きめ細かい配慮や冷静な判断、チーム全体の目標を達成するためのバランス感覚など、キャプテンとしての役割を果たすことで、チームの成功に大きく貢献することもできます。上手くいかなくてもこれらのことを意識した行動を取るだけでも自身の糧になってきます。

チームで一番のバランサー

キャプテンの役割は、チームメイトへのリーダーシップを発揮することですが、それだけではありません。彼らは、メンバー一人ひとりの力を最大限に引き出し、彼らが持つ潜在能力を引き上げるためにも重要な存在です。キャプテンは、各メンバーの強みや特長を把握し、それを最大限に活かせるようなサポートを行うことが求められます。チーム全体の方向性を示し、メンバーが共通の目標に向かって協力できるように導く役割を果たします。どっしり構えたキャプテンがいるだけで安心した経験ってありませんか？　キャプテンの存在は、チームに安定をもたらし一体感や結束力を高めることに繋がります。

その影響力は、チームのメンバーの一人に限定されたものではありません。チーム全体にも影響を与えます。例えば、キャプテンがポジティブな態度や努力を示す姿勢を持っていると、メンバーも影響を受け、同じような意識を持つようになります。逆に、キャプテンがネガティブな態度や怠慢さを見せると、チーム全体のモチベーションやパフォーマンスにも悪影響を及ぼす可能性があります。

チームメイトとのコミュニケーションや信頼関係の構築にも重要な役割を果たします。メンバーの声を聞き、意見を尊重する姿勢を持ちながら、チーム全体の方向性を示すことが求められます。このバランス感覚を持って行動することで、チームはより一体感を持ち、共通の目標に向かって努力することができるでしょう。

ときにはチームのマネージャー、アドバイザーにもなる

リーダーは、メンバーが目標に向かって成長できるように手助けする役割を果たすことが求められますが、それだけではありません。リーダーは、メンバー一人ひとりの強みや弱点を理解し、個別にアドバイスすることも重要なポイントとなります。

どの選手も異なるプレースタイルを持っています。例えば、あるメンバーはフィジカルは劣るがテクニックが抜群、あるメンバーは足が速く裏への抜け出しのタイミングが絶妙など。リーダーは、メンバーそれぞれの強みを見極め、それを活かす場を提供することが重要です。一方的に指示を出すのではなく、メンバーとの対話を通じて彼らの意見やアイデアを尊重し、共有することが求められます。メンバーが自ら考え、自分の意見を述べられる環境を作ることも大切になってきます。

リーダーシップは、単にチームメイトを指導するだけではなく、彼らの成長を

促し、個々の能力を最大限に引き出すことができます。チームメイトとのコミュニケーションを大切にし、彼らのニーズや目標に合わせたサポートを行うことで、チーム全体のパフォーマンスは向上します。リーダーシップは、チームの成功に直結する要素であり、組織内で必要不可欠な役割を果たしています。

work《ワーク》

自由に記載してみよう！

このworkには以下のような活用方法があります

●自分の考えが整理できる

●自分の現時点での思考がわかる

活用方法

●内容を定期的に見返すことで進歩を実感できたり、初心に帰ることができる！

あなたは過去の試合や練習でどのようなリーダーシップを発揮したましたか？

最もリーダーシップがあるチームメイトを思い出してみてください。その選手の試合や練習でどのようなリーダーシップを発揮していますか？

work《ワーク》

あなたは次の試合や練習でどのようなリーダーシップを発揮しますか？

第4章

失敗するから成長する

失敗とミスは違います！

皆さん失敗ってしたくないですよね？　サッカーに限らずすべてにおいても自分の思い通りにいくことをイメージし、期待するものです。しかし、何事においても失敗はつきものです。特にサッカーは失敗のほうが多いです。また、失敗とミスは似ていますが違います。失敗は自分の中に考えがあってその通りできなかったこと、ミスは単純にキックミスやトラップミスが起きること。例えば、「フィールド中央でパスを受け、右足でトラップ、すぐに左足で右サイドの裏へスルーパスを出そうと考える、その際、トラップが少しずれパスコースが狭くなりカットされた」これは失敗ですね。また同じシチュエーションが起きた際、どこを改善すればいいのか明確です。明日から正確にボールを止めるトレーニングに繋がります。常に考えを持ってプレーすることで、失敗しても改善に繋がりますよね。それにひきかえミスは「次のプレーを想像しないで、敵がすぐ近くにいることに気付かず足元にボールを止めてしまいボールを失った」、これでは次に繋がりませんよね。

その頻繁に起こる失敗から学ぶことができれば、サッカー選手として成長し続けられると思いませんか？　皆さんも普段から自然と失敗・改善を繰り返し行っていきます。そのことに改めて気付くだけでも良いサッカー選手になるのはもちろん、人としての向上に繋がる基礎となってきます。

失敗は成功へのパス

失敗から学ぶことのメリットは、何と言っても成長に繋がるということです。失敗を経験することで、自分の限界や欠点を知ることができます。それによって、考える力やスキルアップに目的を持って取り組むことができます。そして失敗から学んだ気付きを活かして、同じ過ちを繰り返さずに進化した状態で進むことができるのです。

また、失敗を経験することは個人だけではなくチームとしても成長へ繋げられます。チームメイトが同じような失敗をしていた場合、実体験を持って彼らに対処法や学びを伝えることができますよね。説得力が増します。成功に比べて、失敗のほうが多くの学びがあることもあります。他の人の経験を参考にすることで、自分自身の学びをより豊かなものにすることができるのです。

課題をくれる失敗

失敗から学ぶことで、自分自身や周囲の状況についてしっかりと理解することができます。自らの弱点や課題を明確にすることに繋がります。例えば、大切な試合で思い通りのプレーができなかった場合、自身のプレーを振り返り上手くいった場面、上手くいかなかった場面について考えることができます。失敗から学んだことを活かし、次回はより良いプレーができるよう努力します。それは「プレーの幅を広げるためにプレミアリーグの試合を見る」や「強化したい箇所の筋力トレーニング」かもしれません。自分に足りないものは何なのかを明確にし、克服するためのトレーニングを取り入れることができます。

また失敗からの気付きは、成功との比較を通じてより明確になる場合もあります。失敗した場面と、成功したときとの違いを考えることで、自分のプレーや状況についてより深く分析することができるんです。

例えば相手のコーナーキックの際、多くはセンターにヘディングの強いＤＦを配置しているので弾き返せていた、もしくは守備範囲が広いＧＫがパンチングで弾いていた、ところがマンツーマンでマークについていたにも関わらず、相手がど真ん中でフリーでヘディングシュートを決められた。しっかりと個人でもチームでも振り返り、なぜフリーになったのか？　どのような要素が失点に繋がったのか？が見えてくるかもしれません。このような比較を通じて、失敗からの気付きをより具体的に捉えることができます。

たくさん失敗しよう！

失敗からのリスタートは、私たちにとって宝の山です。思ったように物事が上手く進まないと自信を失いがちですが、実はそれが新たなスタートを切るための大きなチャンスなのです。失敗を恐れずに前向きに取り組むことが自己を高めることに繋がります。失敗は避けられないものですが、その取り組み方や受け止め方次第で、大きな成果を得ることができるのです。自分に足りていないものは何なのか？　自身の特徴の活かし方は最適だったか？　などを実感するためにも、失敗を恐れずに前に進み、新たなスタートを切る勇気を持ちましょう。成功への道は、失敗を乗り越えることから始まるのです。

ワーク
work

自由に記載してみよう！

このworkには以下のような活用方法があります

●自分の考えが整理できる

●自分の現時点での思考がわかる

活用方法

●内容を定期的に見返すことで進歩を実感できたり、初心に帰ることができる！

work《ワーク》

あなたの最近の試合、または印象深かった試合を思い出してみてください。
上手くいったプレーもあれば、上手くいかなかった場面もあったと思います。
次の項目を考えてみましょう！
・その上手くいかなかった場面はなぜ起きたのでしょうか？

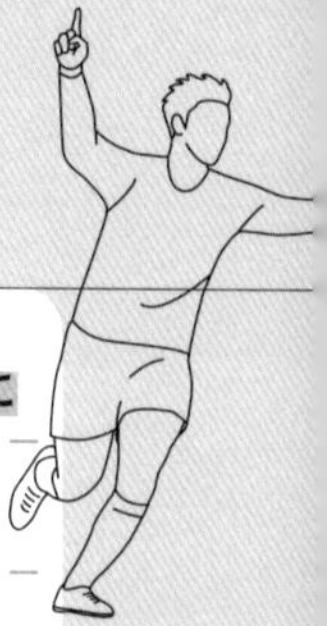

・次に同様のシチュエーションになった際、どのように改善しますか？

work《ワーク》

・明日からどういったトレーニングを取り入れますか？

第5章

ゴールへのシュート：目標達成へのマジック

目標設定で個人もチームもレベルアップ！

サッカーにおいて、個人的な成長やチームの成功を達成するためには、明確な目標設定が重要となってきます。個人的な成長を目指す場合には、技術やフィジカルの向上、戦術の理解など、自分自身のスキルアップに重点を置いた目標を設定することになります。例えば、ドリブルやパスなどのテクニックを磨くことや、スピードや体力を向上させることを目標にするなど、自身のポジションの特性上、両足を使えたほうが〝キープ力が上がる〟や〝選択肢が広がる〟のであれば「右足で止めて、左足でロングフィード」など場面を想定してのトレーニングとなります。更に、戦術の理解や読みの鋭さを高めることも大切です。練習やトレーニングの時間を確保し、ＹｏｕＴｕｂｅを見たり、レベルの高い選手やコーチからアドバイスを受けることも有効です。

一方、チームでの成長を目指す場合には、個々の目標だけでなく、チーム全体の目標を意識した目標設定が必要です。例えば、チームメイトとの連携やコミュニケーションの向上を目標にすることができます。チームプレーの質を高めるためには、パスの精度やタイミングを合わせること、相手チームの動きを読む能力を高めることが重要となってきます。繰り返し繰り返し2対2や3対3の練習を行った記憶があると思いますが、パスの精度や動きのトレーニングだけでなくチームメイトの特徴を掴んだり、アイコンタクトなどコミュニケーション手段を広げる練習にもなっているのです。更に、チーム全体での戦術の理解を深めることや、試合前のミーティング、トレーニングを通じてチームの一体感を醸成することも大切です。これらを達成するためには、個々の責任とチームワークが求められます。各メンバーが自分の役割を理解し、チームメイトをサポートすることがチーム全体の成功に繋がります。

個人の成長とチームの成功は密接に関連しています。個人的な成長がチームの成果に繋がり、チームの成功も個人的な成長も促すことになります。つまり、個人の目標設定とチームの目標設定は相互に成り立っているのです。

サッカーにおいて目標設定は非常に重要な要素です。個人的な成長やチームの成功を達成するためには、明確な目標を設定し、それを達成するための努力を惜しまないこと。適切な目標設定と継続的な努力によって、より高いレベルのサッカーに近づくことが可能になってきます。

また、目標に向かって取り組む過程での成長や経験も得られます。達成感を得るだけでなく、挫折や困難を乗り越えることでの成長もサッカーで経験できる非常にいいチャンスとなります。

目標達成のための戦術

計画は目標達成のための道筋を示し、実行戦略はその計画を具体的に実行するための手段を指します。

まず、計画を立てる際には、目標達成に必要なスキルやリソースを把握することが重要です。例えば、ゴールキーパーとしての技術を向上させるためには、ゴールキーパー独自のトレーニングを行うことや、フィジカルトレーニングを行うことが必要です。また、チームプレーのスキルを向上させるためには、戦術的な知識やコミュニケーション能力を磨く必要があります。これらのスキルやリソースを把握した上で、具体的な行動プランを立てることが重要です。

次に、実行戦略においては、効率的な時間の使い方や優先順位の付け方、モチベーション維持のための対策など、具体的なアクションを考えることが必要です。例えば、〝時間〟については、個人でのトレーニングなのか複数でのトレーニングなのかスケジュールをしっかりと組み立てることが重要です。〝優先順位〟については、目標に直結するトレーニングや練習を優先することが大切です。〝モチベーション〟対策としては、メンタルトレーニングやストレス管理の方法を学ぶことも効果的です。ゴール達成に向けた計画と実行戦略を明確化し、着実に進めていくことで、目標達成への道を切り拓くことができます。この計画と実行戦略を持つことで、他の選手との競争においても優位に立つことができるでしょう。

また、自己評価やフィードバックを受けることも大切です。自身のプレーを客観的に評価し、改善点や課題を見つけることで、更なる成長を遂げることができます。また、他の選手やコーチからのフィードバックを受け入れることも重要です。自身のプレーを指摘されることはときには気持ちいいものではありませんが、他者の意見やアドバイスを取り入れることで、自身のプレーの質を高めることができます。

一度立てた計画や実行戦略に固執するのではなく、柔軟に変更することも大切です。試合や練習の状況に応じて、計画や戦略を見直すことも必要となってきます。課題というのは次々と出てくるものなので、新しいやり方を取り入れる必要があるかもしれません。また、自己評価やフィードバックを受け入れる柔軟性も求められます。これらをバランス良く組み合わせることで、サッカー選手としての成長を目指していきましょう。

モチベーション維持からのゴール達成

サッカー選手へ向けたモチベーションとゴール達成の関係性について考えてみましょう。モチベーションは、目標達成への意欲や情熱を生み出す力です。サッカー選手として目標達成するためには、日々の練習や試合において着実に成長し、成功に近づいていきたいですよね。しかし、目標に向かって努力し続けることは決して簡単ではありません。その際に、モチベーションの維持がとても重要になってきます。

モチベーションを維持するためには、目標達成への意義や価値を再確認し、自身の成長や成果を実感することが効果的です。例えば、目標達成の喜びや達成感をイメージすることで、努力に対する動機付けをすることができます。また、興味や好奇心を刺激する要素を取り入れることもモチベーションを高める方法の一つです。

サッカー選手にとっては、新しい技術や戦術に挑戦することや、周囲の競争相手との刺激的な対戦などが、モチベーションの向上に繋がってきます。多くのハイレベルな試合を見たり、海外で活躍している日本人選手を見ながら、自分がその場に立った想像をしてみるのもいいかもしれません。

モチベーションが高まれば、目標達成への意欲も高まります。サッカー選手にとっては、得点することやチームが勝利するなど結果が出ることは大きな目標であり喜びですよね。モチベーションが高まると、練習や試合においてより一層集中力やパフォーマンスを発揮することができます。また、困難な状況に直面した際にも立ち向かう力を持つことができます。

強い〝意志〟がゴールを決める

目標を達成するためには、困難や障壁に立ち向かう強い意志力が必要です。ゴールを目指すときには、必ずと言っていいほど困難や挫折が訪れます。しかし、そこで諦めずに立ち上がり、目標に向かって進み続けることはとても難しいですが最も重要なスキルです。意志力を高めるためには、自己肯定感の向上、ストレス管理などを意識することが有効です。自己肯定感の向上には、自分自身をポジティブな言葉で励まし、自信をつけることが大切です。また常に明るくクヨクヨしないチームメイトっていますよね。前向きなチームメイトと一緒に過ごすなども些細なことですが重要かもしれません。

更に、周囲のサポートや助言を受け入れることも意志力を高める上で重要な要素です。チームメイトやコーチ、家族などのサポートを受けることで、困難に立ち向かう力を培うことができます。また、経験豊富な人からの助言やアドバイスも、自分の成長に繋がることが多いです。困難が訪れたときにも諦めずに立ち上がり、ゴール達成へのプロセスを楽しんでください。この力を培うことができればどんな状況、どんな世界でも活躍ができます！

work《ワーク》

自由に記載してみよう！

このworkには以下のような活用方法があります

●自分の考えが整理できる

●自分の現時点での思考がわかる

活用方法

●内容を定期的に見返すことで進歩を実感できたり、初心に帰ることができる！

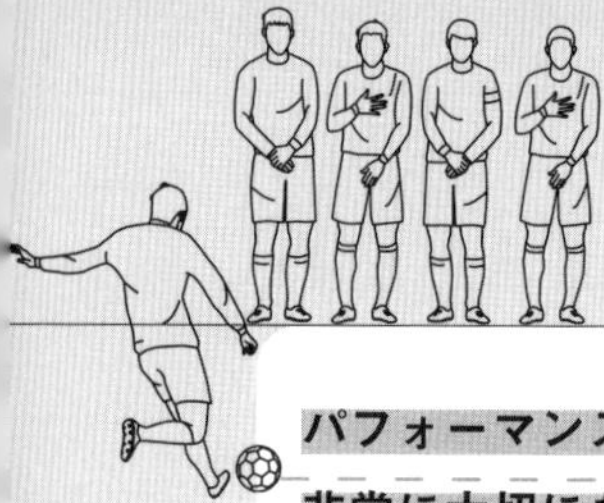

work《ワーク》

パフォーマンスを上げるためには目標設定を行うことが非常に大切になってきます。あなたは今、どんな目標を持っていますか？

その目標はどういったものですか？以下の項目を考えてみましょう！

・自分のサッカー選手としての強み（長所）を書き出してみよう

・1ヶ月後の目標は？

・達成の状態とは？

・そのためにすること

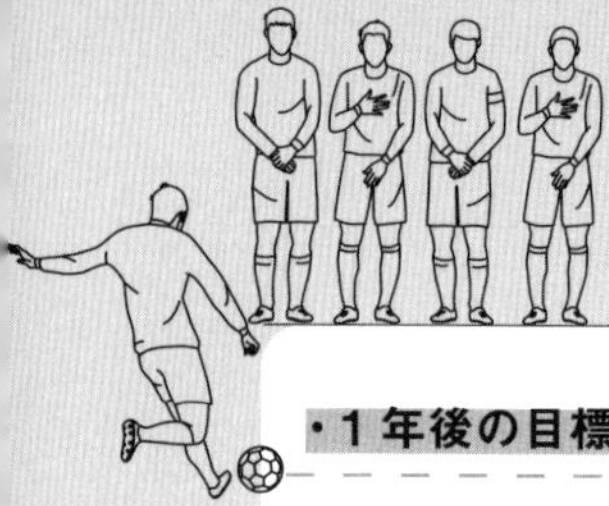

work《ワーク》

・1年後の目標は？

・達成の状態とは？

・そのためにすること

第6章

ストレスとプレッシャーは友達

プレッシャーは悪ではありません

プレッシャーとは何か？　プレッシャーとは、選手が試合や練習中に感じる心理的なストレスです。これは、勝つこと、成績を上げること、チームやコーチの期待に対する不安などから生じることがあります。サッカー選手にとって、プレッシャーは避けられないものですが、適切な対応ができれば自身を高める絶好のチャンスとなります。

プレッシャーが選手に与える影響はさまざまです。大きなプレッシャーを感じると、集中力が低下し、体が動きづらくなります。また自信を失い試合中にミスを犯す可能性が高まることもあります。

プレッシャーに打ち勝つためには、試合前の準備が不可欠です。日々の十分なトレーニングやチームの戦術的な理解は、選手に自信を持たせ、プレッシャーに対処できるようになります。

　またポジティブな思考を持つことも重要です。成功体験を振り返り、上手くいった場面を想像しながらプレーすることも効果的です。反面、プレッシャーを感じることはいいことでもあります。モチベーションアップ、集中力が高まる、チームワークの向上などに繋がります。これまで緊張していたのにいいプレーができた場面があったのではないでしょうか？

　どんな世界でも同じですが、プレッシャーとストレスは常にそばにいます。しかし、これらの厄介者と上手く付き合い、成長の機会と捉えることができれば、サッカーだけに関わらず人間力を鍛え上げるチャンスとなります。

みんなは毎日ストレス耐性を培っています

サッカーは常にプレッシャーやストレスに満ちた状況でプレーするスポーツです。試合前の緊張感、強豪チームとの対戦、敗戦や怪我への不安など、さまざまな課題に直面することがあります。しかし、これらの課題を乗り越えることは、あなたのストレス耐性を培う絶好のチャンスです。

試合前日の練習や心の準備は、ストレスに対する抵抗力を高めるためにとても有効です。練習によって自信をつけ、個人のスキルやチームでの戦術を磨くことで、試合に臨む自信を持つことができます。チームメイトとの協力やコミュニケーションも、ストレスの軽減に役立ちます。困難な状況で一緒に戦うチームの仲間と共に、ストレスを分かち合い、助け合うことで、チーム全体のストレス耐性が向上します。チームメイトとの絆を深めるために、練習や試合以外の時間でも交流を図ることもいいでしょう。あの何気ない普段の付き合いからコミュニケーションを深めチームを勝利に繋げられることもあるのです。

更に、試合中のプレッシャーに対する対策も重要となってきます。クールな頭でゲームを進めるためには、状況判断力や冷静さを培うことも大切です。ゲームの流れや相手チームの戦術を読み解く能力を高めるために、試合前の映像分析や戦術理解の徹底的な練習を行うことなども効果があります。また、ゲーム中にプレッシャーが高まった場合には、チームメイトとの会話や短い休憩を挟むことでリラックスすることができます。集中力を保ちながら、冷静な判断を下すことが重要です。

ストレスとプレッシャーは、サッカーの試合で避けることのできない要素です。しかし、これらを仲間に引きこみ、成長の機会とすることで、サッカー以外の人間力も鍛えることができます。試合前の練習や精神的な準備、チームメイトとの協力、ゲーム中の冷静な判断など、さまざまな対策を取ることで、ストレスとプレッシャーに立ち向かうことができるでしょう。

心は熱く、頭は冷静に、プレッシャーに打ち勝つ方法とは

クールな頭でゲームを進める方法について、更に詳しくお伝えします。冷静な状態でプレーし、プレッシャーに打ち勝つことは、サッカー選手としての成長に不可欠です。プレッシャー下での失敗は避けられませんが、それを学び、次に生かすことが大切です。過去の失敗にこだわることなく、自分自身を奮い立たせ、気持ちの切り替えを行うことが重要です。

冷静な状態を保つためには、感情のコントロールは欠かせません。試合中に怒りやイライラしてしまうと良いプレーができないですよね。自分自身をコントロールし、冷静に判断することが大切です。

また、プレッシャーに打ち勝つためには、自信を持つことも重要です。自分の能力を信じ、自分自身に対し「できる」という気持ちを作ります。自信を高めることはすぐにはできませんが、日々の継続した努力・トレーニングは技術

的な面だけではなく「あれだけ練習したんだから」といった自信に繋がる効果もあります。

まずは思った通りのプレーができなくても、試合に負けても、サッカーを楽しむことを忘れてはいけません。サッカーには勝ち負けがつきものです。しかし、そもそもはサッカーをプレーすることが好きで始めた・続けてきたんだと思います。純粋にプレーすることを楽しむことで、プレーへの情熱やモチベーションを高めることができます。

また、チームメイトや友人、家族など周りの応援があったからプレッシャーを感じながらも大一番の試合で勝利できた経験はないでしょうか？　応援があるとプレッシャーを軽減でき、応援者に応えたいとモチベーションも高まります。ポジティブな応援はサッカーをプレーする楽しさを改めて実感させてくれます。冷静な状態でプレーすることは、サッカー選手にとって重要なスキルですが、サッカー以外の場面でも活きてくる人間力を高めることにも繋がります。試合の舞台でプレッシャーを乗り越える経験は、日常生活でもストレス耐性を高める助けになります。サッカーを通じて、自己成長や人間力の向上を図ることができるのです。また、周りの方からの応援がどれだけ大切かも実感できますね。助け合いがチーム力向上に繋がることも身に付けられています。

ワークwork

自由に記載してみよう！

このworkには以下のような活用方法があります

●自分の考えが整理できる

●自分の現時点での思考がわかる

活用方法

●内容を定期的に見返すことで進歩を実感できたり、初心に帰ることができる！

work《ワーク》

ストレスやプレッシャーと上手く付き合うことで緊張を和らげ集中力を高めることができます。

ストレスマネジメントを促進するために以下の項目を考えてみましょう！

・普段のトレーニングや試合の中でストレスを感じた場面を書き出してみよう

・そのストレスに対し行った対処法はありますか？
（なければ考えて書き出してみよう）

work《ワーク》

・明日は全国大会出場を決める大一番の試合。
プレッシャーに打ち勝つために前日にできることはどういったことがありますか？
個人でできること、チームでできることをそれぞれ考えてみましょう。

>個人

>チーム

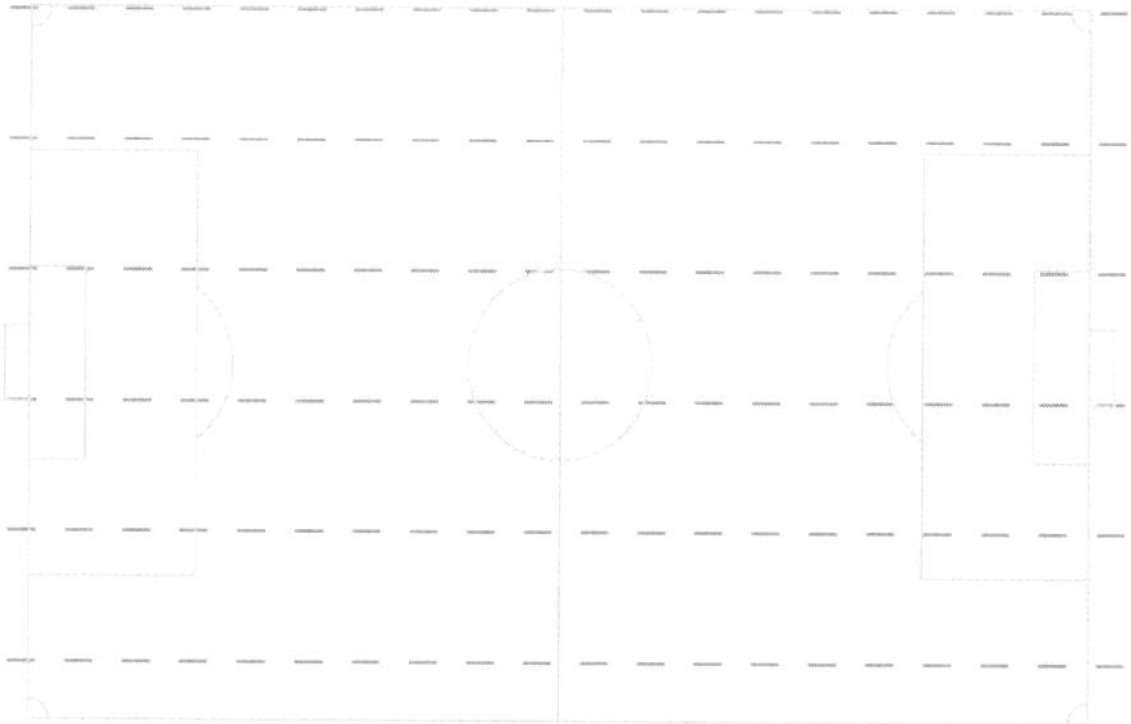

第7章

戦略的思考と問題解決能力

すごくハマった右サイド

相手チームの左サイドは俊足ドリブラーの選手。前半は右サイドから攻めこまれることが多かった。後半に入るタイミングで守備を固めようと考えたが、逆に右サイドＭＦに足が速い選手を入れ攻撃的に変更した。そうすると相手の陣形が全体的に下がり、守備が楽になり、裏をつけるようになった。徐々に試合の主導権が移り勝利した。まさに〝右サイドのシステム変更はハマった〟状態だった。これらはほんの一例にすぎませんが〝ハマった〟経験はあるのではないでしょうか？　サッカーは戦略的思考が求められる瞬間が多く、そのたびに冷静な判断が必要となってきます。サッカー選手にとって戦略的思考は欠かせない要素の一つです。

特に、ポジショニングは試合を有利に進めるためにはとても重要です。例えば右サイドの選手の場合、ライン際でボールを受けたとき、どのようにボールを運び、仲間と連携し、相手を出し抜くかがポイントとなってきます。最初は単に走ってボールを持つことが大変かもしれませんが、経験を積むうちに、戦略的な要素が浮かび上がってきます。ゲーム全体は押され気味なのに、なぜか右サイドからはこちらの思い通りに攻め続けられた経験はありませんか？　対峙する相手チームの選手との相性などもありますが、そういった相手チームの弱点などを見つけながら戦略を立てることも重要となってきます。

相手ディフェンダーの位置や足の速さ、自分の仲間の位置を把握し、最善のプレーを選択します。相手ディフェンダーが自分よりも足が速い場合は、ドリブル突破より、チームメイトとの連携で打開する選択をするほうが効果的かもしれません。クロスやドリブルだけでなく、ゲームの状況に応じて適切な判断力が必要です。相手ディフェンダーが自分に寄ってきている場合は、クロスを上げるよりもドリブルで相手をかわして仲間に繋ぐほうが有効です。

多くのシチュエーションの中で、多くの選択肢から瞬時にプレーを選択し、イメージ通りに実行することはとても難しいことだと思います。そのためにも試合を観ることや他の選手から学ぶことも大切です。いい選手の動き出しやボールを保持していない場面の動き、判断など多くの情報をインプットすることで、自分の戦略的思考を高めることができます。

また、トレーニング中にコーチからの指導を積極的に受けることも大切です。コーチは選手の戦略的思考をサポートし、改善点や新しい戦略を指摘してくれます。コーチのアドバイスを受け入れ、練習中に戦略的思考を磨きましょう。そして何より、試合での経験が最も貴重なものです。試合ごとに戦略を立て、それを実践することで、戦略的思考力は向上します。試合中に起こるさまざまな状況に対応し、最善のプレーを選択する経験を積むことで、少しずつ身に付いていきます。

ロシアワールドカップ森保ジャパンのドイツ撃破！　臨機応変3バック変更

2018年ロシアワールドカップでの日本代表の試合で、森保ジャパンは強豪国であるドイツと対戦しました。この試合では、ドイツの攻撃が非常に激しく、前半戦は防戦一方の状況。しかし、その試合での問題解決の一つが、「3バック変更」でした。試合中に日本代表は4バックのディフェンスラインを3バックへ変更しました。かなりの運動量が求められますが、守備の際は事実上5バックになることで守備陣が強化され、ドイツの攻撃を効果的に防ぐことができました。結果的に、日本代表は2−1でドイツに勝利しました。問題が発生したときに柔軟に対応し、新しい戦略を考え出すことは、試合の勝敗を左右する要素の一つです。また、この能力を発揮するためには、チーム全体でのコミュニケーションが欠かせません。例えば、試合中に指示が出された場合、選手たちは一丸となって指示に従い、新しい戦術を即座に実行する必要があります。この問題解決能力は、困難な状況や課題に直面したときに、冷静に考えて最適な解決策を見つけ出す力です。この力は、サッカー選手としての成長にとても重要です。

戦略的思考と問題解決能力は、サッカー選手としての成功だけでなく、日常生活でも大いに役立ちます。サッカー選手としてだけでなく、人としての成長にも繋がります。これらのスキルを持つことで、サッカーの試合から日常生活においてさまざまな困難に立ち向かい、より良い結果を導くことができるでしょう。

work《ワーク》

自由に記載してみよう！

このworkには以下のような活用方法があります

●自分の考えが整理できる

●自分の現時点での思考がわかる

活用方法

●内容を定期的に見返すことで進歩を実感できたり、初心に帰ることができる！

work《ワーク》

戦略思考・問題解決力を持つことで試合を有利に進めたり、選手としてのレベルアップにもつながります。普段のトレーニングや試合の中で感じた以下の項目を書き出してみよう

・直近の試合で感じた相手チームの弱点は？

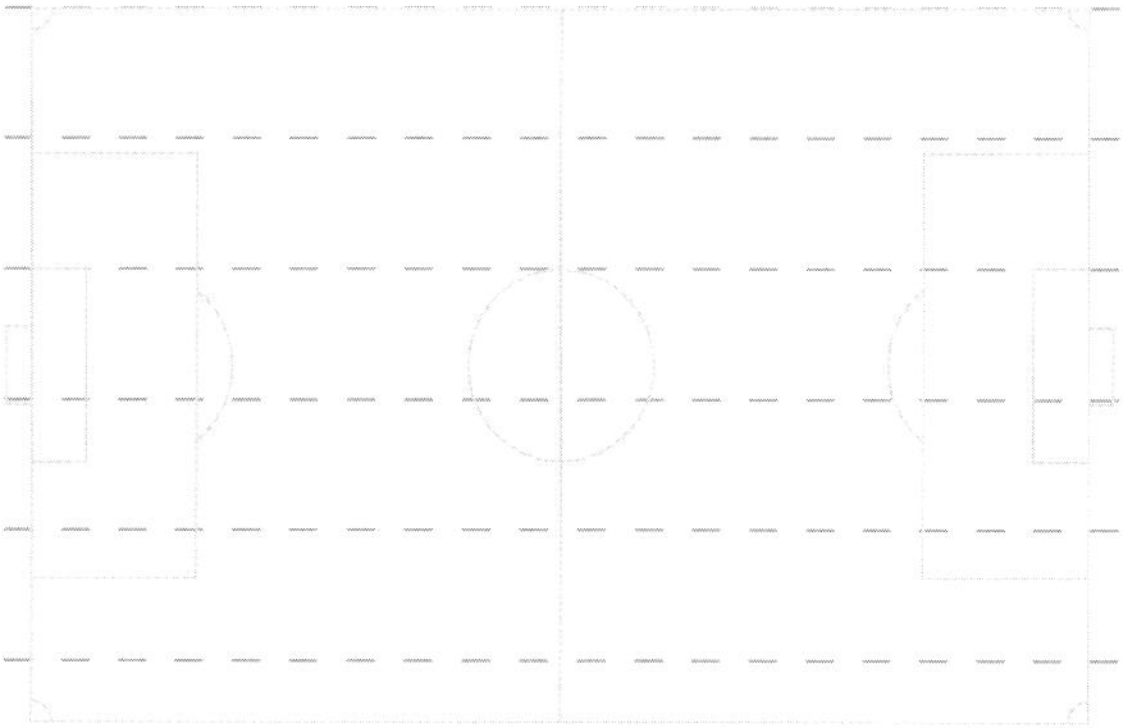

・その感じた弱点に対し、どのような戦略を採りましたか？

work《ワーク》

・違う戦略を採るとすると、どのような選択が最善だったか？

ハーフタイム

half time

COLUMN

サッカーが繋ぐ一生モノの友情

高校3年生にとって最後の大会となる「全国高校サッカー選手権大会」県予選決勝の日、ピッチ上には興奮が立ちこめ、緊張感が高まっていた。ヒロトとダイキは、チームメイトたちと共に相手チームに立ち向かっていた。

試合は一進一退の攻防が続き、なかなかスコアが動かない。そんな中、トップ下のヒロトはボールを支配し慌てるチームを落ち着かせる冷静な配球でチームを支えていた。FWのダイキは俊足を活かした動きで相手ディフェンスを翻弄し、得点のチャンスを演出していた。しかし、上手く試合が運べないのと、負けたら終わりのトーナメント形式のプレッシャーもあり、ふたりは対立する場面が増えていった。

前半終了、試合は依然として0－0。

ハーフタイム、ふたりは意見が食い違い、激しい口論になった。

ヒロト「お前、なんであんなに無理にシュート打つんだよ！　俺がフリーだったろ！」

ダイキ「お前のポジションからは角度がなかっただろ！　俺が打ったほうが確率が高いだろ！」

お互いが主張したまま後半を迎えた。


日頃から意見をぶつけ合うことはあったし、その論争がむしろチーム全体の士気を高め、力を発揮させる原動力となっていた。激しい言葉の応酬の中で、ふたりはお互いを認め合いたい気持ちもあったのだろう。何よりもこのチームで勝ちたい、一秒でも長くこのメンバーでサッカーをやりたい。その点ではふたりは同じ気持ちだった。

後半、再びピッチに立ったふたりは、相手のペースを変えることができずに苦しんでいた。しかし、後半30分まで0－0でしのぐことに成功していた。試合が進むにつれ、自身の特徴を活かしながらも、ヒロトとダイキはお互いの実力を認めていたこともあり、プレースタイルを尊重し合うようになった。少しずつペースを握るようになってきた。

そしてついに試合は動く。後半40分、ヒロトが見事なスルーパスを送り、ダイキが冷静にゴールを決めた。その瞬間、ピッチ上には歓喜の声が鳴り響いた。ヒロトの視野の広さとボールコントロール、ダイキの的確な動きとフィニッシュ技術が相まって生まれたものだ。何度も練習してきた形だった。ふたりはお互いのプレースタイルを理解し、フィールド上でのコミュニケーションを図ってきた。観客は一斉に立ち上がり、大きな歓声を上げた。試合終了のホイッスルが鳴ると、ヒロトとダイキは抱き合った。

ヒロト「お前、今日はまぁまぁよかったな。」

ダイキ「お前もな。俺の次にだけどな。」

それが高校最後の県予選の試合後に交わした言葉だった。

全国大会では2回戦で負けてしまったものの卒業後、ヒロトはJリーガーに、ダイキはプロサッカー選手を目指し大学へ進学。ふたりは進むべき道が異なりながらも、再び一緒に戦えることを目標に別れた。

COLUMN

10年後、別々のチームに所属しプロの舞台でふたりのチームが激突する日が訪れた。試合前に再会した瞬間、昔の緊張感や対立は一切感じられず、笑顔で抱き合った。

ヒロト「お前もここまで来たか。感慨深いな。」

ダイキ「お前もな。俺のほうが上だけどな。」

試合が進む中で、ふたりはそれぞれの特徴を活かしたプレーを見せ、互いに感動を覚えていた。最後のホイッスルが鳴り響くと、再び抱き合い、お互いの成長を讃え合った。

ヒロト「お前いいプレイヤーになったな」

ダイキ「いや、お前が相手チームだとこんなに嫌だって分かったよ」

ふたりは再び大きな笑顔で笑い合った。かつてはぶつかってばかりのふたりだったけれど、10年にわたる戦いと共に、ヒロトとダイキはお互いにとって大切な大親友となっていた。

今ではふたりともサッカー選手を引退し、家庭を持ち、家族ぐるみで定期的に食事を楽しんだりサッカーの話をしながらお互いの近況を報告し合っている。時間が経っても、ふたりの絆は変わることがない。そんな一生涯の友情はサッカーが与えてくれた宝モノかもしれない。

サッカーで得た
人間力は
一生の宝モノ

後半

second half

第8章

サッカーからの贈り物

スポーツは私たちに多くの価値観やきっかけを与えてくれます。特にチームスポーツのサッカーはさまざまなレベルで影響を与えてくれます。価値観と人間性の向上、サッカーから得たスキルが社会や自身のキャリアに与える影響、そしてサッカーで得た人間力がサッカー以外の世界でも活用できる理由について紹介していきます。

サッカーがくれる価値観と人間性

サッカーは、協力の大切さ、チームワークの重要性を教えてくれるスポーツです。チームメイトと連携し、共通の目標に向かって努力することは、個人の成長だけでなく、人間性の向上にも繋がります。プレーヤーやスタッフ間でコミュニケーションを重ねることで、チームの一体感を醸成することができます。それによって、信頼関係や連帯感が生まれ、協力することの大切さを実感することができるのです。

また、公平さやルールを守ることの重要性もあります。ルールに従いながら、相手を尊重し、フェアプレーを心がけることは、社会生活においても大切な価値観です。サッカーでのフェアプレーは、試合における公正さを保つだけでなく、相手を尊重する態度を培うことにも繋がっています。試合中に起こるトラブルを解決するために、プレーヤーは常に心を落ち着かせ、冷静な判断力と公正さを持つ必要があります。サッカーのルールやフェアプレーの精神は、社会においても正しい判断をするための力を育むことに繋がっています。

これらのことからもサッカーは、競技としての魅力だけでなく、人間性の向上にも大きな影響を与えるスポーツと言えます。協力やチームワーク、公平さやルールを守ることの重要性など、サッカーがもたらすさまざまな価値観を学ぶことで、選手は人としての基本的なスキルを身に付けているのです。

サッカーで得た経験はビジネス界や異文化交流でも大活躍

サッカーで得た経験は、サッカー以外の多くの場面でも活躍します。ビジネス界においても活躍し続け、競争力を持つためには、優れたスキルやアイデアが必要です。また、上司や部下とのチームワークや責任感も大切になってきます。すべて上手く行くことなんてありません。失敗や挫折を繰り返しながら新たな挑戦に向かうことが求められます。ビジネスの世界でも同様で、へこたれず、失敗を乗り越えて挑戦し続けられる人材はとても貴重です。

またサッカーは世界中で愛されるスポーツです。その人気の秘密の一つは、言葉の壁を越えたコミュニケーションが可能となることです。例えば、私は20代の頃、英語が話せないままオーストラリアに渡り、サッカーをプレーする機会を得ました。この経験を通じて、サッカーを通じたコミュニケーションの力の強さを実感しました。現地のコミュニティに受け入れられるきっかけとなったのは、サッカーという共通言語があったからでした。チームメイトはプレーするときだけでなく、普段の生活でも声をかけてくれるなど、対等に接してくれました。

サッカーを通じて地元のコミュニティに受け入れてもらい、すぐに馴染むことができたおかげで、オーストラリアでの生活をスムーズに、より充実させることができたんです。地元の人々との交流を通じて、ローカルな文化や習慣に触れることができ、自身の成長にも繋がりました。サッカーという共通言語によりコミュニケーションを図ることができたんです。

サッカーで得た人間力はビジネス界や新たなコミュニティに入っていく際にも大いに活かせます。競争力やチームワーク力、そして失敗や挫折を乗り越えるメンタリティは、ビジネスの世界でも欠かせない要素です。また、自分を知ってもらう手段としてサッカーは絶好のツールとなります。

サッカーは、スポーツの価値観や教訓を通じて私たちに多くのことを与えてくれます。協力やチームワークの重要性、公平さやルールを守ることの大切さ、更にはコミュニケーション力やリーダーシップ力の向上など、サッカーから得られる機会やスキルはどんな世界においても大いに役立ちます。サッカーで培った人間力をサッカー以外の世界でも活かすために、サッカーで学んだ価値観や教訓を心に留めておきましょう。この経験はあなたの一生の武器となります。

第9章

サッカー界は人材の宝庫

サッカーを辞めたとしても

プロ・アマ問わず、すべてのサッカー選手には遅かれ早かれ第一線を退くタイミングがやってきます。

自身が満足するまでやりきって、ケガで、戦力外通告で、別の道を選択して、「まだ続けたかったけど」や「もっとやるか悩んだけど」といったように状況はさまざまだと思います。

でも、悲観することはありません。なぜならサッカー選手としてのキャリアを終える瞬間は、あなたにとっての新たなスタートでもあるからです。引退は、サッカー選手としての一章が終わるだけでなく、新しい世界への挑戦の幕開けでもあります。

ただし、引退は簡単な決断ではありません。サッカー選手として活躍することを目標に、長きにわたりサッカー中心の生活を送ってきたあなたにとって、新しい現実に向き合うことは大変かもしれません。しかし、この課題に向き合い、心の準備をすることはその後の活躍に大きく関わってきます。

引退後の課題としては、自己認識や目標設定などがあげられます。自分の強みや興味を改めて確認し、新たに没頭できるものは何なのか？　サッカーほど楽しく、夢中になれるものはこの先見つからないかもしれません。ゆっくりでいいのでさまざまなことにチャレンジし、選択していきましょう。また、未来へ向けたプランを立てることも必要です。何をしたいのか、どのような人生を送りたいのか、少しずつ明確にイメージすることが大切になってきます。

サッカーがくれた宝モノ

サッカーは、選手にとって経験と学びの宝庫です。勝利と敗戦、困難と挑戦などと共に過ごした日々から、数々の貴重な経験を得ることができます。試合でのプレーを通じて、自身の強みや弱み、努力が報われる瞬間を経験することで、自信を深めることができます。また、チームメイトとの連携やコミュニケーションを通じて、協力の大切さを実感することもできます。

更に、サッカーの経験を活かす場面は単にスポーツに限られたものではありません。競技における厳しいトレーニングやチームメイトとの競争は、現実の社会でも通用する価値観やスキルを身につけるきっかけとなります。例えば、リーダーシップやコミュニケーション能力、チームワークなどは、ビジネスや職場での成功にも繋がります。サッカーを通じて培ったこれらの能力は、一生の財産となります。

サッカーで経験した気持ちは一生モノです

これまで紹介してきた通り、この最高のスポーツ〝サッカー〟には独特の価値観や精神があります。選手生活の中で培った情熱や努力の精神は、サッカーをやめても失われることはありません。それらを今後の人生や日常生活に活かすことができれば、より充実した人生を築くことができます。

サッカーの価値観や精神を一生自分のものにするためには、まずは自身のサッカー経験を振り返り、何を学んだのかを明確にすることが重要です。例えば、試合での困難な状況に立ち向かい、チームメイトと協力して克服した経験は、困難な状況に直面した際の自信や冷静な判断力に繋がるかもしれません。また、サッカー選手としての精神を生涯にわたり維持させるためには、他の競技や活動との比較も有効です。例えば、サッカーと野球を比較してみると、サッカーは連携やチームプレーが重視される一方、野球は個々の役割や責任が明確化されています。このような比較を通じて、自身がサッカーで培った価値観や精神が他の競技や活動においても通用することに気付くことができます。

未来への可能性は無限大

サッカー選手としての経験を活かし、新たな世界で活躍する可能性は無限大です。サッカーで培ったスキルや価値観を他の領域に応用することで、新たな成功を手にすることができるのです。考え方一つでサッカー以外の世界でも活かせるスキルを身に付けてきたことにぜひ気が付いて欲しいです。

新たな始まりへ向けて、前向きな姿勢を持ちましょう。サッカー選手としての経験から得た財産を活かし、自身の目標に向かって努力していってください。未来は明るく、あなたの手に委ねられています。

第10章

元サッカー選手たちは
いろんな世界で活躍中！

事例紹介

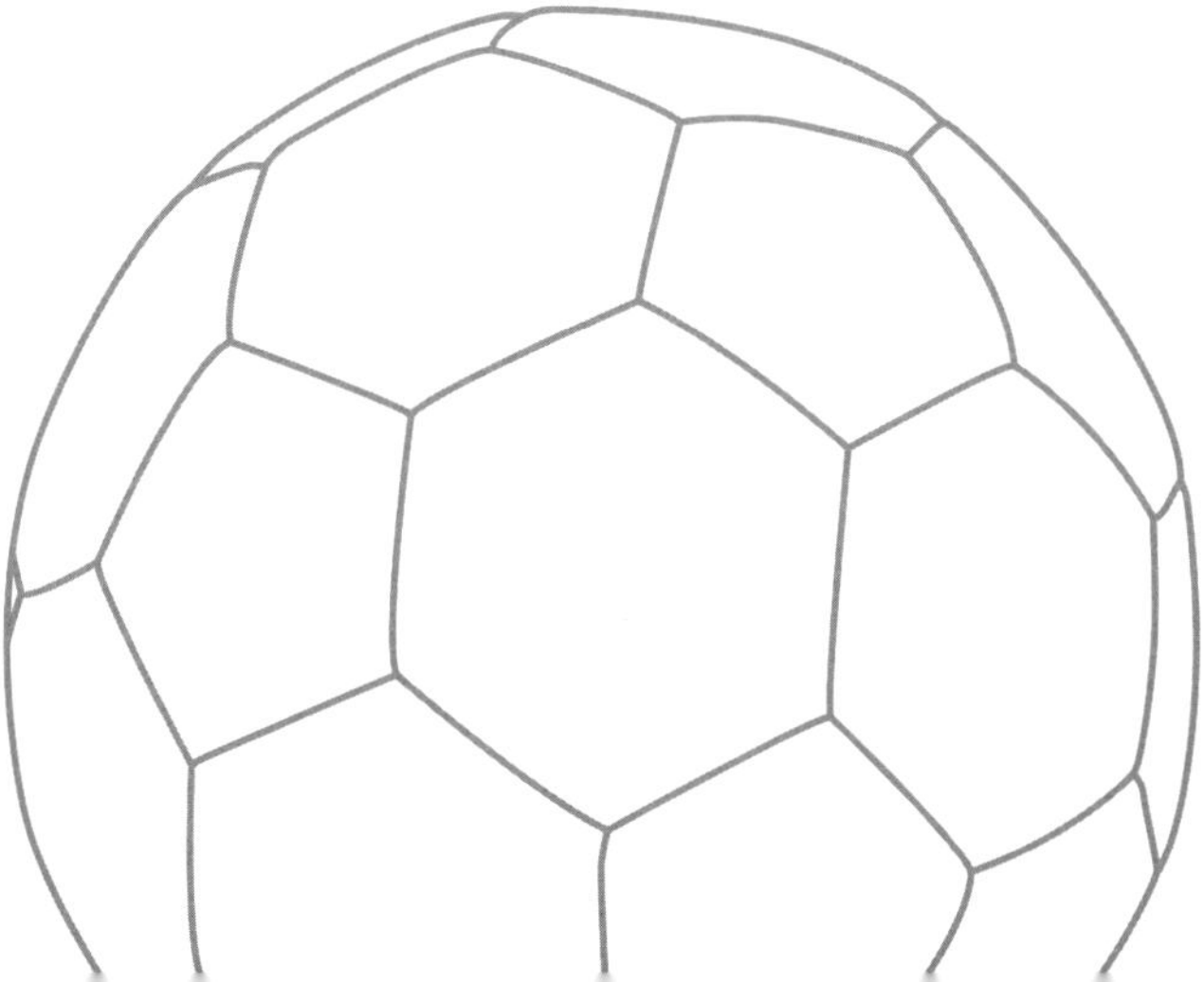

内田智也（うちだ・ともや）

1983年生まれ

出身地：三重県、ポジション：MF

サッカー歴：横浜 FC（2002-2007）⇒

大宮アルディージャ（2008-2010）⇒

ヴァンフォーレ甲府（2011）⇒

横浜 FC（2012-2016）⇒

南区足球会（2017）

現職：横浜 FC 広報・Club Relations Officer

事例① 横浜ＦＣ
「学ぶ意欲や姿勢を持ち続ける大切さ」内田がモデルとしたのはあのレジェンド

今はどんなお仕事をされているんですか？

現役時代に在籍していた横浜ＦＣにてC.R.O（Club Relations Officer）とチーム広報として働いています。C.R.Oはアンバサダーのような役割でクラブを認知してもらったり、試合に足を運んでいただくためのきっかけを作るような活動を行っています。具体的には現役選手と共に地元の小学校を訪問したり、イベントに参加したり。広報としてはシーズン前のキャンプ、シーズンが始まるとホーム試合・アウェイ試合とトップチームのすべての活動に帯同し、取材対応をしたりチームの活動をSNSで発信したりしています。

どういった経緯で現職にたどり着いたんですか？

プロサッカー選手として最後に在籍したのは香港のチームでした。香港のシーズンはヨーロッパと同じ5月に終わるんですよね。その後、夏の移籍ウインドーの際に日本でチームを探していましたが、見合った条件のチームが見つからず引退を決意しました。

一般企業への就職などさまざまな選択肢を検討しました。ですが最終的には、これまでサッカー選手を続けてこられる礎を築いてくれたこのクラブに恩返ししたいという気持ちが強く、横浜FCへの入社を決めました。現役時に最も長くお世話になりましたし、このクラブと出会わなければここまで選手生活を充実させられなかったと考えています。ファン・サポーターの皆さんも温かい方ばかりです。

――チーム運営にあたり選手と事業部との橋渡しのような役割もされるんですか？

はい。選手と事業側のコミュニケーションは今でこそ活発になってきましたが、これまではあまりそういった機会がありませんでした。私が現役時にチームの選手会長をやっていた際に積極的に事業側（当時の社長）と意見交換をしていましたがその延長を現在も行っている感じです。

チームの雰囲気や現場の生の声を事業側へ伝えたり、もっとこういう取り組みをしたらお客さんが喜ぶんじゃないかって意見を伝えたりしています。選手目線の意見も大変貴重なので、機を見て、選手とはコミュニケーションを図るようにしています。

現職でのやりがいはどんなところですか？

「横浜ＦＣがあって良かった」ってお声がけいただけるのが本当に嬉しく、やりがいを感じます。もちろん試合に足を運んでくれるのも嬉しいのですが「地域の皆さんの課題解決に少しでも貢献できるクラブ」を目指してやっていければと思います。他クラブの取り組みなんかも参考にしながら、常に何かを考え、チャレンジして、失敗してもいいので頑張っていきたいです。

これまでのサッカーを通して大切にしてきたものはありますか?

はい。今でも仲良くさせて頂いていますが、現役の頃から近くでカズさんを（三浦知良選手）見てきて「学ぶ意欲や姿勢を持ち続けること」を大切にしています。他人の意見に耳を傾け続けることを当たり前にできる。歳を重ねると難しい方もいると思いますが、サッカー選手に限らず大事だなって。このあたりは生涯大切にしていきたいです。カズさんは必ず試合の後に若い選手からアドバイスをもらうんですよね。そういう学ぶ意欲、姿勢を持ち続けているからこそあのような功績が残せるんだと。どんなときも謙虚さを忘れてはいけないと思っています。

hummel
7
LEOC

現役時代にやっておけばよかったと思うことはありますか？

自分の可能性を広げること。自分はどちらかというと古いタイプの人間だったのかもしれません。（笑）サッカーだけに集中して、すべてをサッカーに費やすタイプだったのですが、今思うと、もっと自分の興味がある物事に対して、アクションを起こせばよかったなって。例えば他競技の方や経営者の方と交流する、語学や将来を意識して勉強するなど。ただ、自身の性格として一人の時間が好きだったりもするので、無理する必要はないかなとも思います。今は一人でオンラインで交流や勉強することができる時代なので。本を読むだけでも、新たな発見へと繋げられますから。時間を大切にして欲しいですね。

将来のキャリアパスはありますか？

具体的に「こうなりたい」というはっきりとした理想像はまだ見えていないです。

それよりは目の前のことを一生懸命やるよう心掛けています。ただ「このクラブをより良くしたい」、「このクラブに関わるすべての人に喜んでもらいたい」、「横浜ＦＣがあって良かったと思ってもらいたい」。この部分は変わることはないので、そのために自分には何ができるのかを追い求めていきたいです。また、選手の引退後のモデルケースとしての道もしっかりとしたものを残していきたいです。これまでこのクラブでは自分のように引退して、事業側に入社する人がいませんでした。なので決まったレールのようなものはなく、毎日が手探りではありますが、逆に言えば、あらゆる可能性があるかなって。選手が引退後の不安を持たずに安心して、競技生活に打ちこめるためにも、僕が結果を出さなければいけないという想いは強いです。

現在サッカーを頑張っている方々へアドバイスをお願いします

やはりサッカーを通じて得た喜びや感動、悔しさなどすべてを含めて、サッカーって素晴らしいスポーツでこれほど感情を揺さぶられるものはないなと。引退した今でもチームが負けると本当に悔しくて。（笑）だからこそサッカーもそうですが、サッカーだけに限らず自分が夢中になれるもの、その時間を大切にして欲しいです。必ず人生を豊かにしてくれる。「人生を楽しむこと」そのためのアクションはいつだって自分次第で起こせるということを伝えたいです。そして、周りの支えてくれている方々への感謝の気持ちは常に持ち続けて欲しいですね。

廣瀬智靖（ひろせ・ともやす）

1989 年生まれ
出身地：埼玉県、ポジション：MF
サッカー歴：前橋育英高校 ⇒
モンテディオ山形 ⇒
徳島ヴォルティス
現職：アパレル事業
（オーダースーツレーベル「illbe」事業責任者）

事例②　アパレル事業

廣瀬智靖

「アスリートは社会人としての人材の宝庫」自信を持って何事にもチャレンジあるのみ

今はどんなお仕事をされているんですか？

オーダースーツレーベル「illbe」というブランドを立ち上げ、オーダー品の販売を行っています。クラシックなスーツやジャケットから、カジュアルなセットアップ、シャツ、パンツなどオーダーで作れるものを幅広くお客様へご案内しています。その他、オーダーに通ずる企画なども行います。例えば、Ｊリーグチームのモンテディオ山形のクラブのオフィシャルフォーマルウェアなどのトータルディレクションを行っています。山形の伝統産業の米沢織を使ってフォーマルウェアを作るなど多くの関係者と協力しながら企画を形にしました。企画から販売までさまざまなことをやらせて頂いています。

どういった経緯で現職にたどり着いたんですか？

昔の上司からお声がけいただいて現職にたどり着きました。当時、その企業がＪリーグチームのアパレルグッズの企画を行っていたのですが、引退後は洋服を通してサッカー界に恩返しできたらという想いがあったので、いい機会だと感じました。その後、アパレルグッズなどの商談をサッカーチームと行う中で、「チームスーツできませんか？」と相談を受けることがあって。これまでアパレル企業でドレスカテゴリー（スーツ、ジャケットなどの重衣料）を担当してきたので経験を活かせると考え、ブランド立ち上げに至りました。

最初にＷＥリーグの大宮アルディージャVENTUSのチームスーツを担当させ

ていただきブランドが動いていきました。現在はディレクターの立場でブランドを動かしながら、スタイリストとして個人のお客様と法人のお客様にオーダー品をご案内しています。

――どのように仕事に繋がるのでしょうか？

ご紹介から仕事に繋がるケースがとても多いですね。個人のお客様がメインですが、最近だとフジテレビ系列のドラマの主役を務められる方の衣装にも関わらせていただきました。法人のお客様では、千葉県の浦安にあるラグビーチーム浦安D-Rocksのチームスーツや山梨にあるフジプレミアムリゾートのホテル制服の企画から販売をさせていただきました。

――法人のお客様へのお仕事もやりがいがありそうですね？

個人も法人も一人ひとりのお客様を丁寧にご案内することに変わりはないですが、法人の場合はより多くの方に見られるという点では、やりがいを感じますね。モンテディオ山形のフォーマルウェアを担当させていただいた際は、選手たちに着る意味を持たせたいという思いから「山形を繋ぐ」というテーマを掲げ、米沢織を使用したジャケパンスタイルに、米富繊維のニットベストを合わせたMADE IN YAMAGATAのアイテムで企画しました。選手たちが着ることで山形を背負うという感覚が生まれますし、プロスポーツクラブの影響力を借りて米沢織のPRにもなると思いましたし、逆にサッカーに興味がない層にもモンテディオ山形を知ってもらえる良い機会だと思いました。

チームスーツは在籍時しか着られないイメージですが、選手が山形を離れても着られるような普遍的なアイテムなので、チームを離れても着られると思います。実際に選手たちが着ている姿はもちろんですが、ファンサポーターや県外の方に着ていただき、山形のものづくりの魅力を知ってもらえることが、とても嬉しく思います。

――「セカンドキャリア」ってどういうものだと考えていますか？

プロサッカー選手やアスリートの方だけがセカンドキャリアと言われがちですが、すべての人にセカンドキャリアはあると思います。もっと言えば、自分自身もそうですが、キャリアはセカンド、サードと区切らず一つに繋がって続いていくものだと思います。どのカテゴリーの方でも自分の未来を想像しながらキャリアを築いていくわけなので、セカンドキャリアは一つの通過点にすぎないと捉えています。

現在の仕事で最も苦労されたことはなんですか？

時間軸の違いに最初は戸惑いました。会社がスタートアップということもあるので、自分が生み出すというか、誰かが仕事を与えてくれるわけじゃないので。今でもそうですが、最初は人と会って事業を伝えて、アイルビーブランドを伝えて、応援してくれる人をどんどん増やして、みたいなことも行っていたので。前職は10時に出社して20時に帰るみたいな感じでしたけど、そういった時間軸はありません。自分が動かなかったらそれまでなので、止まらずに走っています。

あとは、ブランド立ち上げ期は苦労しましたね。一から工場とのやり取りを行い、コンタクトを取ったら実際に工場へ行って、契約までみたいな。徐々に軌道に乗ってきたあたりで、前職の先輩でもあるのですが、フィッティングのプロ三上さんにジョインいただいて少しずつ体制強化も行っています。

事業を作ることは大変ですが、とても夢があります。これまで経験したことがないので、毎日ワクワク、とても楽しくやらせていただいています。

現在サッカーを頑張っている方々へアドバイスをお願いします

誰にでもサッカー選手を卒業する日が来ると思うので、まずはサッカー選手としてやり切って欲しいです。あとサッカー選手というバリューは今しかないので、そのバリューを使いながらいろんな人と出会っていくことはとても大切なことだと考えています。さまざまな価値観に触れることで新たな自分の発見や、サッカーに活かせることもあると思いますので。

余談ですが……

元アスリートは社会人として戦力になると感じています。サッカーで得た経験は間違いなく一般社会でも活きます。例えば「努力を継続する力」、「コミュニケーション力」、「目標に対してコミットする力」、「協調性」など組織に必要な能力を持っています。人材の宝庫だと思います。なので選手たちは次の世界でも自信を持っていいと思いますよ。引退後の心配は過剰にしなくてもいいのかなって。なぜなら毎日が勝負の世界で何年も頑張っています。普通では考えられないし、当たり前ではないですよ。普通は社会人一年目に活躍できないと次の年解雇とかないじゃないですか。実際に自分も未経験からファッションの世界に入りました。もちろん簡単ではないですが、自分がやれることを少しずつ増やしながら、現在ではブランドの責任者としてどうしていくかを日々考え邁進しています。

鳥谷部梢 (とりやべ・こずえ)

1991 年生まれ

出身地：青森県、ポジション：DF

サッカー歴：聖和学園⇒日体大 FIELDS 横浜 ⇒

伊賀 FC くノー ⇒ AS エルフェン埼玉 ⇒

熊本ルネサンス FC

現職：Web コンサルティング企業

（プラスクラス・スポーツ・インキュベーション株式会社）

事例③　Webコンサルティング企業

「人生を通して成し遂げたいこと」鳥谷部梢がサッカーの次に選択した世界とは？

今はどんなお仕事をされているんですか？

Webコンサルティング企業に所属して、デジタルマーケティング支援をメイン業務としています。

現職でのやりがいはどんなところですか？

現在はプロバスケットチームの新潟アルビレックスBBへマーケティング支援の

ため出向しています。デジタル活用を中心としたクラブの広報業務や試合・イベントの企画、運営などが主な業務です。考えた施策がすぐに実行に移せる環境なので、結果から改善までスピード感を持って進められています。上手くいくこともあれば、思うような結果にならないこともあります。これまでクラブスタッフに任せていた施策実行を自身でも行うようになり、施策を体感できる点はすごく勉強になります。あとはサッカーをやってきたということもあって、集団でプロジェクトをやりきった際の達成感は何事にも代えがたいです。

サッカーで身に付けたことはどういったことがありますか？

サッカーで当たり前のようにやってきた「どうやったら勝つためにチームが機能するだろう？」と考える習慣はすごく仕事でも活きています。小さい頃から勝つことだけを目標にやってきましたから。ただ、逆にビジネスの世界に出てから「もっとこうしていたらよかった」と感じる部分が多くありました。

――それはどういうことですか？

サッカー選手のときは自分の考えが強すぎて、上手くいかなかったことが多かったように思います。他人目線が足りてないというか。自分がこれが正解だと思えばなかなか意見を変えることができませんでした。ビジネスの世界ではこのままではだめだとより痛感させられました。それが営業数字にはよく現れていましたね。（笑）ビジネスに限らず、相手の立場に立って考える。そして相手の求めるもの、その期待値を超えていく、という部分をビジネスで最も鍛えられました。

――仕事以外でも活きてきそうですね？

はい。私生活でも実感したことがあります。友達の結婚式の準備で何人かで連絡を取り合っているときになかなか円滑に話が進まなくて。どうやったら進むのかを考えて、スケジュールを提示してみたり、アンケートを取ってみたり。それぞれの置かれている状況も考えながら意見を出せるような問いかけをしたり。

そのときに仲間からは「なんだか雰囲気が変わったね」と言われました。「少しは変われたかな」と実感できたタイミングでした。これは個人的にとても嬉しかったことで、より自信に繋がりました。

現在サッカーを頑張っている方々へアドバイスをお願いします

サッカーはもちろんですが、サッカー以外のことで自分が何をやりたいのか？　人生を通してどうしていきたいのか？　を考えることが重要だと思います。すぐに何か実行に移せたらもっといいですね。アスリートは一年一年が勝負の世界なので余裕はないと思いますが「こんなはずじゃなかった」とならないためにはそれを分かった上で行動の選択をすることが重要だと思います。正直、私もまだやりたいことは明確になっていませんが、現在の仕事を通して見つけていければいいかなと今は思っています。

一人で行動に移すことが難しければ仲間に相談するでもいいと思いますし、最近

はＳＮＳで発信することで同じ考えの人や違った意見も聞けます。何かアクションを起こすことが大事で、何がしたいとか明確にならなくてもいいと思います。引退後に次の世界への移行が上手くできている選手は活動の幅を広げているんですよね。サッカー以外のことに興味を持つと同時に、何のためにサッカーをやっているのかを考えられているというか。サッカーを手段として捉えられることができる人は強いと感じます。

これからの目標はありますか？

スポーツクラブで売上に繋がる成功事例を作っていきたいです。以前ファン感謝祭があったのですが、緊急事態宣言が出てしまい、リアルでの実施が難しくなりました。その中でデジタルをどう活用できるのか？　デジタルで実施する場合、どんな構成にするか？　どのツールを使うか？　投銭機能などを入れて収支計算もやったりしました。皆さんの協力もありそのイベントを成功させることができ、とても嬉しかったですし達成感もありました。会社のミッションでもある、【日本のスポーツ全会場を満員にする】を実現できるように、スポーツをしっかりとビジネスにできるように、一つずつ積み重ねていこうと思います。

西山雄介（にしやま・ゆうすけ）

1994 年生まれ

出身地：東京、ポジション：DF

サッカー歴：横河武蔵野 FC ユース ⇒ 山梨学院大学 ⇒ ヴァンフォーレ甲府（特別指定選手）⇒ Y.S.C.C. ⇒ ガイナーレ鳥取 ⇒ 東京武蔵野ユナイテッド FC

事例④　現役サッカー選手
西山雄介がチャレンジする三足のわらじ、その狙いとは？

今はどんなお仕事をされているんですか？

ＪＦＬの東京武蔵野ユナイテッドＦＣでプレーを続けながら、東京都内にある不動産企業で働いています。 ※現在はオーストラリアリーグにてプレー中

どういった経緯で現職にたどり着いたんですか？

ガイナーレ鳥取に在籍していたときに、知人からアスリートのセカンドキャリア

支援を行っている企業を紹介いただきました。その頃、現役のうちにサッカー界以外の情報収集をしたいと考えていて、サッカー選手としての状況や、その後の考えなどをお話したところ「収入の基盤を作りながらサッカーも、新たなチャレンジも、ビジネスマンとしての経験もやってみてはどう?」とアドバイスをいただきました。「今可能性を限定する必要ないんじゃない」って。また、アスリートの雇用を推進している企業のご紹介もいただき、その企業に興味を持ったのがきっかけです。

——引退を意識されていたんですか?

いえ、まだまだサッカー選手として高いレベルを目指していますが、同時に引退後のことも考えておきたいなって思っていました。これまで周りの選手をみているとサッカーだけに集中している分、いざ契約できませんってなってから苦労している印象があったので。みんながそうではないと思いますが、自分の場合そのタイミングで次を考えるのでは遅いかなって。

――不動産関連の企業で働かれているんですか？

ご紹介いただいた企業のひとつに不動産関連の企業がありました。代表の方と話す機会をいただいたところ「サッカーをやりながらビジネスマンとしての経験をうちでチャレンジしてみたら」と言っていただきました。事業も拡大中にあり、企業の成長過程を経験できる貴重な機会だなって思い採用試験にチャレンジしました。ありがたくも採用いただき、アスリート社員枠で働いています。こういった取り組みが増えてくると、新しいサッカー選手像が確立されて、仕事をしながらの選手や、仕事を意識しながらのサッカー選手も増えてくると考えています。現在は研修を終え、営業一部（仕入れ業務などを行う）へ配属となりました。毎日新しいことが覚えられてとてもやりがいがあります。ここで活躍できれば、サッカー選手の需要も高まると思いますので責任を感じながら結果にこだわっていきたいと思います。

――他に選択肢はありましたか？

まだいろいろと模索中ですが、サッカーに関わる仕事もしたいのでメンタルトレーナーの資格を取得しました。まだメインの仕事にはできないですが、ここから数年は自分の可能性を捨てず、サッカー選手として、トレーナーとして、ビジネスマンとしての経験を積み上げていければと考えています。

サッカーとお仕事両方やろうと思った理由は何ですか？

Y.S.C.C. 在籍2年目の夏にガイナーレ鳥取からオファーをもらい移籍しました。シーズン途中の移籍でしたが半年間の活躍が認められ、改めて複数年契約を結びました。2年目あたりから少し出場機会が減ってきた際に、レベルアップのためにも試合に出られるチームを探したいって考えていました。そのタイミングで引退も考えましたが、サッカーって今しかできないかなって思いと、両親とも相談し、やれるならもう少しやってみようかなって。代理人に複数チームを紹介いただきましたが、ユース時代に所属した東京武蔵野ユナイテッドＦＣでもう一度自分のため、チームのためにも活躍できたらなって思いました。個人的にはＪ３とＪＦＬのレベル差はあまりないかなって感じていました。であればサッカーをやりながら

YOKOGAWA
37

もビジネスの経験も積めるＪＦＬで勝負しようと決意しました。

サッカーを通して身に着けられたと思うことはありますか？

そうですね。とにかくやってみる、上手くいかなければ修正してもう一度試す。その繰り返しは意識してきました。新しいチームでのプレーも、新しい仕事でもそうですが何事も行動を起こすことで課題が見つかったり、自分の得意・不得意が分かってくると思います。また、トライアンドエラーを続けることで思考力向上やメンタル強化にも繋がるとも考えています。

現在サッカーを頑張っている方々へアドバイスをお願いします

時間を無駄にしないことですね。サッカー以外の時間って結構あると思うので。24時間すべてをサッカーへ費やすって考え方でもいいと思います。自分にはそれは向いてませんでした。その時々の状況に合わせて判断をすればいいと思いますが、長い目で考えて自分の人生が豊かになるための選択をしていければいいんじゃないでしょうか。例えば、目の前の判断をする際はどちらを選択することが10年後、人としての魅力が高まるか？　で考えるようにしています。人生はサッカーだけではありませんから。もちろんサッカー選手として活躍したい、Ｊ１を目指したいって気持ちはあるのでサッカーの映像を見たり、体のケアなどに時間を費やすこともあります。ですが、それ以外のときにはトレーニングが終わったらすぐに勉強をしたり、サッカー界以外の方に会うこともあります。

とにかく選手としての成功を目指しながらも、10年、20年後を見据えた行動も気にかけてみてください。頭の片隅にその考えがあるだけで情報の取り方や考え方、行動も変わってくると思うので。また、その行動がサッカー選手としての向上に繋がる部分もあると信じています。

豊島裕介（とよしま・ゆうすけ）

1980 年生まれ

出身地：神奈川県、ポジション：MF

サッカー歴：東京ヴェルディ Jr. ユース ⇒

帝京高校 ⇒ 帝京大学

現在：大成高校（東京都）サッカー部総監督

事例⑤　高校サッカー指導者（学校職員）

豊島裕介「感謝の積み重ねが人を作る」

今はどんなお仕事をされているんですか？

東京都、三鷹市にある私立高校の大成高校でサッカー部の監督をやっています。

どういった経緯で現職にたどり着いたんですか？

プロ選手を目指し大学卒業後2、3年目までサッカーをやっていました。ですが、怪我もあり学生時代から興味があった指導の道に進みました。地元横浜で小学生のコーチとして指導キャリアをスタートしました。多くの方のご協力もありながら近隣のクラブチームや堀越高校などのコーチを経て、２００６年に当時はまだ部員が20名程度とあまり強いチームとは言えませんでしたが、これからのビジョンや思いを直接話していただき、ぜひ力になりたいと決意し、現在のチーム大成高校のコーチに就任しました。

最初は外部コーチとして関わらせていただいていたのですが、徐々に評価をいただいて学校の職員となり、現在は監督を務めています。

指導で心がけていることはありますか？

高校生の指導って本当に面白いんですよね。学校教育ができる最後のタイミングになる子たちもいます。サッカーだけ教えればいいってもんじゃないと考えています。プロチームなら勝つための采配や、サッカーが上手ければそれだけでいいかもしれません。ですが、みんな高校を卒業したら社会に出ますので、サッカーを通してどんな世界でも活躍できる生徒を育てることを重んじています。

今では先輩・後輩関係なく、自主的に練習開始1時間前にはグラウンドに出てボール磨きやストレッチなどをやっています。また、頻繁に遠征に行くこともありますが、帰ったら家族に感謝を忘れないよう言っています。感謝の気持ちを常に持って、遠征はどうだったかなど家族と会話をすることでコミュニケーションが生まれて欲しいとも思っています。

私自身の経験からかもしれませんが「感謝の気持ちを持てる」ことが最も大切だと考えています。人生はサッカーだけではないですから。まずは身近な人に感謝できる人間になってもらいたいなって。普段着る服、サッカーシューズ、お弁当、遠征先でのサッカー、すべて当たり前に思っちゃいけないよって。そうすることでさまざまな人から応援される人間になろうって。

現在サッカーを頑張っている方々へアドバイスをお願いします

とにかくサッカーをやってきた経験に自信を持ってください。中には「それしかやってきてないから」って考えてる人もいます。ですが、その考え方は違うと思っています。逆に言うと一つのことに何年も、誘惑にも負けず続けてきたんですよ。なかなかできるもんじゃないんです。これってすごい価値・経験ですよね。

どんな世界に出てもこれまでやり切ってきた経験値がありますから。もっと自信を持っていいと思うんですよね。私自身もここまでサッカーに多くの時間を費やしてきました。ですが、そんな私がこうやって立派な高校で働けているわけですから。

少しでもサッカーを続けたい気持ちがあれば最後の最後までサッカーをやってください。年齢は関係ありません。その後は今までの経験を活かした何かを探していけばいいんです。

余談ですが……

私自身、高校時代から目の前まで「プロ選手」がきていて、でもなかなか掴めない状況を人のせいにしたり、運がないって悲観したりしていました。ですが、今では最高のキャリアだったって考えています。関わってきた皆さんに感謝しています。

だって今最高のチーム、コーチスタッフ、学校関係者の方、生徒たち、生徒の親御さんに囲まれて大好きなサッカーに関われているんですから。

アディショナルタイム

additional time

サッカーで得た力は未来の自分へのスルーパス

ここまで触れてきたようにサッカーには、単なるテクニックやスキルだけでなく、さまざまな人間力を培う機会があります。例えば、試合中のプレッシャーに耐える力は、勉強やビジネスでのストレス管理に役立ちます。仕事での締め切りやプレゼンテーションなどのプレッシャーにも対応できるハートの強さを養います。

また、サッカーはチームスポーツであり、チームワークが不可欠です。試合中、チームメイトと協力し、目標を達成するためにプレーします。このような経験は、学校や職場でのグループワークやプロジェクト推進でも活用できます。他の人と協力して問題を解決し、新しいアイデアを生み出す能力が求められる場面で、サッカーで培ったチームワーク力は大いに発揮されます。

リーダーシップ、キャプテンシーでチームメイトを指導し、先導し、勝利のために計画を立てます。このような経験は、将来的に組織やチームを指導する立場になった際に役立ちます。リーダーシップは、仲間を勇気づけ、共に目標を達成するために不可欠な要素です。

また、サッカーは毎日の努力とトレーニングを通して向上心を育みます。毎日毎日、考えられたトレーニングを行うことでサッカースキルやフィジカルの向上を目指しています。このような努力は、学校や職場での目標に向かって努力する姿勢を培うことに繋がります。向上心を持ち続けることで、どんな困難な状況でも克服できる強さを身に付けていけます。

サッカーで培った力は、単なるスポーツの範囲を超えて、学校、職場、家庭、社会といったさまざまな場所で活かせます。未来の自分へのスルーパス、サッカーで得た経験と人間力を活かし、より豊かな人生になることを期待しています。

サッカーへの情熱を燃やし続ける大切さと意味

サッカーは、単なる競技だけでなく、私たちの生活において特別な存在です。情熱や夢、アイデンティティの一部でもあります。競技の魅力だけでなく、サッカーへの情熱は私たちに力を与え、目標に向かって進む原動力となります。皆さんの人生の中で困難な瞬間やくじけそうになったとき、あのサッカーを通して得た経験があれば、「あのときに比べれば全然平気だ」、「あの大逆転した状況と似てるぞ」などこれまでの経験を活かして前進することができるでしょう。これまで経験してきたものは、どんな困難も克服できる力を持っています。サッカーへ打ちこんだ経験は、私たちに自信を与え、自己成長にも繋げられるんです。

今これを読んでいただいている皆さんは、サッカーに何かしら関りがある方だと思います。（または関わってきた経験がある）好きなこと・夢中になれることに対し、努力を惜しまず、情熱を注ぐ経験は、たとえ良い成績やプロサッカー選手になれなかったとしても、かならずこの先の人生で活きてくる場面があります。サッカーとサッカー以外のことを切り分けて考えないでください。どんな世界でも構造は同じなんです。

また、この先も夢を追い続けてください。将来、自分自身とあの素晴らしいサッカーでの経験を誇りに思うでしょう。そして、サッカーへの情熱を忘れずに、どんどんチャレンジをし続けてください。

皆さんは自分の可能性を広げることができるだけでなく、チームスポーツで得た人間力は自身の周りの方たちにも良い影響を与えます。サッカーで培った経験は、私たちの生活に光をもたらし、喜びと達成感を与えてくれるでしょう。サッカーをきっかけに人生が豊かになることを信じています。

おわりに

最後まで読んでくださり、ありがとうございました。改めて感謝の気持ちをお伝えさせていただきたいと思います。出版の話があがってから約一年間、ここまで全力疾走してきました。ある程度年齢を重ねてから、未知の世界へチャレンジできることの喜びを感じつつ、なかなか大変でした。

「自身が考えていること、感じてきたことを素直に文章にするだけ」と考えていましたが、これらの文章の先にサッカー少年、少女、親御さん、指導者の方々、元サッカー選手、これからサッカーをやろうと考えている方、などなどたくさんの方がいると思うと、万人に想いが伝わる言葉とはどういったものか？　どういった表現が適切か？　と自問自答を繰り返す日々でした。

それでもこのような書籍という形で世に送り出せたこと、心から嬉しく思います。

２０１９年の冬。コロナが猛威をふるい、世の中が「この先どうなるんだろう？」と不安にかられ、ライフチェンジを強いられるなか、サッカー選手の皆さんにとっても歯がゆい時期だったと思います。対外試合はもちろん、満足にトレーニングもできず将来の夢へ向かうこと自体が難しいときがありました。

そんな中、何かできることはないか？　少しでもサッカー選手の人生にプラスになるようなことができないかと考え、２０２０年の夏、元サッカー選手の引退後の活躍を取り上げたＷｅｂメディア「ワンモアフットボールマガジン」を立ち上げました。

決して、このＷｅｂメディアは引退を促すものではなく、サッカーで身に付けた人間力はどんな世界でも活かせることを知ってもらい、引退後の心配を少しでも減らし、可能な限りサッカーを長く続けられる環境を作りたい、という想いから立ち上げました。

私自身も幼少の頃にサッカーと出会い、その面白さにすぐに引きこまれ、没頭してきました。そんなサッカージャーニーの中で出会ってきた仲間を見て、また実際に感じてきたさまざまな経験からある想いを持っていたからです。

そもそも、チームで勝利を目指し、またライバルと切磋琢磨し、努力を毎日のように継続することは普通じゃないなって。どんな困難が起きても、跳ね返せるんじゃないかって。また、そのことに気付けていないサッカー選手たちが多いなとも感じていました。東大に入学するよりも難しいとも言われ、数多くのサッカー選手からプロの世界へ進めるのはほんの一握りです。大半の選手が、どこかのタイミングでサッカーを主にしない生活へシフトすることになります。その際にサッカーしかやってきていないからと自信を持てない選手や、サッカーで磨いてきた人間力を別の世界でも活かせることに気付けていない方が多く存在し、かなりもったいないなと感じています。しかしながら、その能力を活かして活躍されている元サッカー選手はたくさんいます。ちょっとした発想の転換ができれば気付けると考え、Webメディアを通して情報を発信してきました。今はそんな情報必要ないと思っている選手でも、キャリアシフトが迫られた際に慌てるのではなく、そんな情報もあったなと思い出してもらい、次のチャレンジへスムーズに一歩を踏み出してもらえたらと思います。

この場を借りてお礼をさせてください。Webメディア「ワンモアフットボールマガジン」の運営にあたり取材にご協力いただいた元サッカー選手の皆さん、本当にありがとうございました。ご自身のこれまでの人生をメディア化するということは、良いことだけでなく、他人に見せたくない部分もたくさんあったかと思います。そんな中、惜しげもなくご協力いただき感謝の言葉が見つかりません。ただ、皆さんから共通して言っていただけた言葉があります。「サッカーを通して今の自分が作られているので、サッカー界に少しでも恩返ししたい」でした。やはり皆さん、現在の活躍の源は、幼少の頃から没頭してきたサッカーで得たものなんだと再確認することができました。改めてお礼申し上げます。

例にもれず、私自身も大好きなサッカーに育てられ、支えられてきた人物です。そんなサッカーの魅力を少しでも普及できるように、これからもWebメディアや書籍にとどまらず尽力していけたらと思います。Ｗｅｂメディア発足時から共に運営を支えてきてくれている辻村、武内、取材協力してくれた小林さん、谷口さん、インタビュイーとの調整に尽力してくれた牛山さん、いつもありがとう。また当書籍への掲載を快諾いただけた横浜ＦＣ内田さん、illbe廣瀬さん、ＰＳＩ鳥谷部さん、オーストラリアで活躍中の西山さん、大成高校の豊島監督ありがとうございます。

また本書を出版するにあたり、機会をいただけたみらいパブリッシングさん、編集を担当いただいた徳山さん、塚原さん、その関係者の皆さん、本当にありがとうございました。つたない文章力の私に根気強く伴走いただき、幾度となく赤字を入れていただいた経験は、何度もくじけそうになりましたが、とても貴重な時間となりました。

そして、最後まで読んでくれたあなた。本当にありがとうございます。もしかしたら、今サッカー選手としてレベルアップできず息詰まっているかもしれません、引退を考えているかもしれません、これからサッカーを始めようとしているかもしれません、昔サッカーに熱中していた、ちょうどサッカー選手を引退し次のフィールドを探している、お子さんがサッカーに熱中しているなどさまざまな状況の皆さんに目を通していただいていることでしょう。そんな皆さんに少しでも気付きに繋がるヒントがあれば感涙にむせぶ思いです。

人生は長く続いていくものです。その時々の置かれた状況や思考などから、感じ方、気付きは変化すると思います。都度、この書籍を思い出し、そのときの皆さんの判断のヒントになれば幸いです。この書籍が皆さんの人生の伴走者となることを願って。

都内、国立競技場近くのカフェにて
ワンモアフットボールマガジン編集長・田中

田中 保成（たなか・やすなり）

1976年生まれ。三重県四日市市出身。

小学校でサッカーを始め、地元のサッカー強豪校、四中工を経て、阪南大学に進学。卒業後オーストラリアのサッカーリーグにてプレー。帰国後、経験ゼロからスタートし20年間にわたり複数社の大手企業にてデジタルマーケターとして活躍。2020年より元サッカー選手の現在の活躍に特化したWebメディア「ワンモアフットボールマガジン」を立ち上げる。

自身の経験、多くのサッカー選手たちへのインタビューを通し、現在の社会での活躍は幼少の頃からのサッカーで養った人間力が活かされていることを再認識。現在はWebメディア運営、執筆、講演などを通して普及にも力を入れている。

X：@tanakalog　@onemorefootball
note：https://note.com/onemorefootball/

大事《だいじ》なことは全部《ぜんぶ》サッカーが教《おし》えてくれた

2024年2月19日　初版第1刷

著者　田中保成《たなかやすなり》

発行人　松崎義行
発行　みらいパブリッシング
〒166-0003 東京都杉並区高円寺南4-26-12 福丸ビル6F
TEL 03-5913-8611　FAX 03-5913-8011
https://miraipub.jp　mail：info@miraipub.jp

編集　徳山雅代、塚原久美
ブックデザイン　則武 弥（paperback Inc.）
発売　星雲社（共同出版社・流通責任出版社）
〒112-0005 東京都文京区水道 1-3-30
TEL 03-3868-3275　FAX 03-3868-6588
印刷・製本　株式会社上野印刷所

ISBN978-4-434-33383-5 C0030